핫한 기술
쿨한 기술
2026

여덟 번째
<핫한 기술 쿨한 기술>을 펴내며

미래를 정확히 예측하는 건 불가능의 영역입니다. 신계(神界)에서나 가능한 것이겠지요. 하지만 그 예측을 위한 노력은 괴짜 아이디어를, 그 아이디어는 더 나은 비전을, 그리고 그 비전은 무한한 미래를 채우는 핵심 열쇠가 돼왔다는 걸 우리는 역사를 통해 목도해 왔습니다.

미래학자 레이 커즈와일은 "2045년, 사람은 죽지 않는다"고 했습니다. 이제 20년 남짓 남았으니, 때가 되면 그 예측이 명중할지, 빗나갈지 알 수 있겠지요. 얼토당토않은 얘기 같지만, 커즈와일의 배경 설명을 들어보면 일견 놀랍기도 합니다. 인공지능(AI) 발전에 따라 신약·치료제의 개발 속도가 비약적으로 빨라지고, 궁극적으로 기계화 융합을 이뤄 인간은 초지능의 단계에 접어들며 무한히 살 수 있다는 게 커즈와일의 주장입니다.

그의 상상을 마냥 흘려들을 수 없다고 느낀 건 AI·신약 등 한때는 불가능할 것으로 치부했던 것들이 지금은 현실화하고 있기 때문일 것입니다. 이제는 영화 속에서나 볼 법했던 로봇·홀로그램 기술을 통한 미래도시가 구현 가능해져 곧 우리 곁에 올 것 같다는 생각마저 들 정도니까요.

지금까지 그랬듯이 세상은 기술의 진보를 통해 발전해왔

습니다. 한민족사에서도 최무선이나 장영실처럼 과학기술 분야에서 두드러진 성과를 낸 인물들이 제법 있었습니다. 그러나 성리학의 '사농공상'을 숭상한 조선 시대를 거치며 더는 천재적인 발명가들을 찾긴 어렵게 됐지요. 18세기 공학 기술자를 우대하면서 산업혁명을 주도한 영국과는 전혀 다른 길을 걸었던 안타까운 대목이기도 합니다. 비록 시작은 늦었지만, 대한민국도 1970년대 '공업 강국' 시대를 지나면서 명실상부 첨단 기술산업 국가라는 위상을 얻었습니다.

여전히 갈 길은 멉니다. 글로벌 경쟁 우위를 점하고 있다는 반도체기술마저도 이제는 성역이 아닙니다. 중국의 기술 굴기 추격 속에 언제든 경쟁에서 도태될 수 있습니다. 멈칫하다 후손에게 물려줄 유산조차 없어질 수 있다는 비관론까지 엄습한 상황입니다. 제가 최근 만나 왔던 재계 관계자들과 전문가들은 하나같이 '초격차 기술'만이 해법이라고 입을 모읍니다. 그도 그럴 것이 기술력은 그 나라, 그 기업의 기초체력이자, 몸집·맷집을 가늠할 핵심 척도가 됐기 때문이지요. 만약 다양한 미래기술을 바탕으로 이를 발전·융합시켜 다가오는 미래를 대비하지 않으면 대한민국은 영원히 재기하기 어려운 처지에 직면할 수 있는 매우 엄중한 상황입니다.

실제로 기름 한 방울 나지 않는 우리에게 기술은 생존과도 직결된 문제입니다. 글로벌 패권 경쟁 속 미국·중국·일본, 유럽 국가들과 협력하고, 때론 맞서려면 '초격차' 기술력 없이는 불가능하다는 건 다들 인지하고 있지요. 네덜란드와 대만이 작지만 강한 나라라고 불리는 건 극자외선(EUV)의 ASML, 파운드리(반도체 위탁생산)의 TSMC라는 강력한 기술력을 가진 기업을 갖고 있어서입니다.

전문가들은 제2, 제3의 장영실, 최무선과 같은 기술인재를 길러야 하는 게 급선무라고 조언합니다. 첨단산업의 성공은 기술인재의 충분한 확보가 그 시작점입니다. 기술적 능력을 넘어 열정과 소명감을 갖춘 '히든 히어로'를 얼마만큼 키워낼 수 있느냐가 성패의 관건이 될 것입니다. 물론 그 과정에서 이들 히든 히어로를 키워내야 하는 기업에 대한 지원은 필수적으로 이뤄져야 하겠지요. 그래야만 대한민국이 새로운 기술의 물결을 주도할 수 있을 겁니다. 혁신은 기업이 만들지만, 사회적 신뢰는 정부가 책임져야 합니다.

이데일리는 올해에도 어김없이 여덟 번째 〈핫한 기술 쿨한 기술 2026〉을 출간합니다. 크게 '미래기술의 핵심 열쇠, AI' '기술 시대의 토대' '미래의 삶'이라는 3가지 줄기 아래 AI 에이전트, AI 의료, AI 자율제조, HBM4 등 15가지 핵심 아이템을 최종 선정해 다뤘습니다. 무엇보다 산업적 관점에서 많은 정보를 주기 위해 힘을 쏟았습니다. 이 책은 각계가 미래기술의 의미와 중요성을 되새겼으면 하는 바람에서 시작했습니다. 우리나라, 우리 기업들이 미래기술을 선도하기 위해 한 걸음 한 걸음 내딛는 그 위대한 여정의 발자국에 이 책이 밀알 역할을 하길 기대합니다. 미래 기술은 준비하는 사람들의 몫입니다.

이데일리 산업에디터
이준기

PART 01

미래기술의
핵심 열쇠,
AI

1. AI 에이전트
2. 로봇
3. AI 자율제조
4. AI 의료

1.

AI 에이전트

인공지능(AI) 에이전트와 함께 일하는 시대가 열렸다. AI 에이전트는 사용자의 개입 없이 자율적으로 작동하며, 환경을 인지하고 학습해 주어진 목표를 달성하거나 문제를 해결하는 지능형 소프트웨어 시스템이다. 예를 들어 클라이언트와 함께 업무를 진행할 때 상대 측 AI 프로그램이 버전을 바꾼다면 AI 에이전트가 알아서 호환되는 데이터 형식으로 변환해 파일 형식을 맞춰줄 수 있다. 기존의 AI가 단순히 데이터 분석을 통한 '결과'를 보여주는 것에 그쳤다면 AI 에이전트는 '맥락'을 알고 실행하는 것이라 할 수 있다.

5년 56조 원 시장, 똑똑한 동료 AI 에이전트의 등장

기업용 AI 에이전트 시장 규모는 생성형 AI보다 더 빠르게 증가해 2030년에는 약 56조 원 규모로 성장할 것이라는 전망이 나온다. 시장조사업체 옴디아는 보고서를 통해 기업용 AI 에이전트 소프트웨어 시장 규모는 2025년 15억 달러(약 2조 원)에서 2030년에는 418억 달러(약 56조 원)로 급성장할 것으로 내다봤다. 지난해 4억 달러에서 올해 15억 달러, 2026년 38억 달러, 2027년 72억 달러, 2028년 136억 달러, 2029년 249억 달러, 2030년 418억 달러로 성장세가 가파를 것으로 예상된다. AI 에이전트 시장의 2024년부터 2029년까지 5년간 연평균 성장률은 무려 175%로, 생성형 AI의 초기 5년(2022~2027년) 연평균 성장률인 90%보다 두 배 높은 수준이다.

보고서는 AI 에이전트 채택 가속화는 자동화에 대한 기업의 우선 순위에 의해 주도된다고 분석했다. 채택 이유로 비용 절감과 직원 생산성 향상이 꼽혔다. 중요한 것은 이전의 생성형 AI 인프라 투자를 통해 에이전트 AI의 시장 진입이 더 쉬워지고 개발이 빨라질 수 있는 기반을 마련했기 때문에 조직이 더 빠른 투자 수익을 달성할 수 있는 잠재력을 제공했다는 것이다. 특히 AI 에이전트 중에서도 자동화된 코드 개발 부문이 예상되는 가장 큰 사용 사례로 확인됐고 그 다음으로는 가상 비서 분야에서 사용이 많을 것으로 관측됐다.

닐 두네이 옴디아 수석 연구원은 "기업이 자동화 기능을 우선시함에 따라 에이전트 AI 시장은 빠르게 발전하고 있다"며 "2030년까지 에이전트 AI는 2025년 6%에 불과

했던 전체 생성형 AI 시장의 31%를 차지할 것"이라고 전망했다.

기업용 에이전틱 AI 소프트웨어 예상 수입 (2024~2030) (자료=옴디아, 달러)

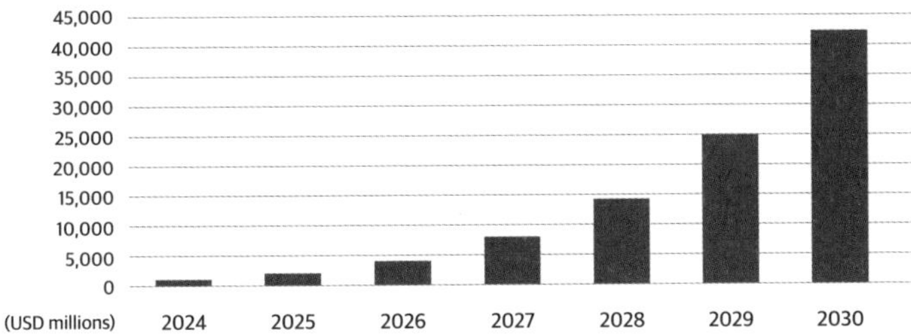

'센서 - 학습 - 컨트롤 센터'로 이어지는 AI 에이전트 작동 원리

자율성과 적응성의 특징을 가지고 상황을 분석하고 스스로 판단해 행동할 수 있는 AI 에이전트의 원리는 무엇일까. 세계경제포럼(WEF)에 따르면 AI 에이전트는 환경(Environment), 센서(Sensors), 학습(Learning), 컨트롤 센터(Control Centre), 실행기(Effectors)로 구성된 구조를 통해 사용자의 요구와 환경 변화에 적응하며 자율적으로 작동한다. 여기에 대규모 언어모델, 코파일럿(Copilot), 자동화(Automation) 기술과 결합하면 AI 에이전트는 더 높은 수준의 지능과 실행력을 발휘하게 된다.

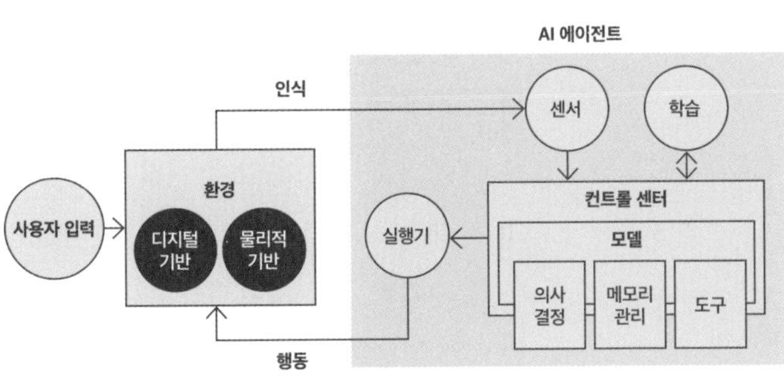

먼저 AI 에이전트가 작동하려면 디지털 인프라(클라우드 시스템, 네트워크 등)와 물리적 인프라(IoT 디바이스, 로봇 등)에 대규모 언어모델(LLM Large Language Model), 코파일럿(Copilot), 자동화를 상호 작용시켜 결과를 최적화할 수 있는 환경이 필요하다.

그 다음 데이터를 수집하고 이해하는 단계에서 센서가 활약하게 된다. AI 에이전트가 디지털 · 물리적 환경에서 데이터를 수집하면 LLM이 이 데이터를 이해하고 문맥을 해석한다. LLM은 센서 데이터를 기반으로 텍스트, 음성, 이미지를 포함한 멀티 모달 데이터를 통합적으로 처리해 전달한다. 사용자의 입력 데이터, 디지털 로그, IoT 센서를 통해 환경을 인식하고 이 데이터를 분석 가능한 형태로 만들어 컨트롤 센터로 전달하게 되는 것이다.

학습 모듈에서는 센서로부터 받은 데이터와 과거 메모리를 바탕으로 성능을 개선하게 된다. 이를 통해 AI 에이전트는 정적이지 않고, 변화하는 환경에 적응하며 더욱 정교한 행동을 수행할 수 있게 되는 것이다.

AI 에이전트의 두뇌 역할을 하는 컨트롤 센터에서는 의사결정과 계획 수립이 이뤄진다. 컨트롤 센터에서 데이터를 처리하고 의사결정을 내리는 과정에서 LLM, 코파일럿, 자동화가 각각 고유한 역할을 담당하며 협력한다. LLM은 데이터를 분석하고 주어진 목표를 달성하기 위해 최적의 전략을 설계하고 코파일럿은 LLM이 생성한 계획과 데이터를 기반으로 사용자가 직관적으로 작업을 수행할 수 있도록 지원한다. 로봇 프로세스 자동화(RPA Robotic Process

Automation)와 같은 기술을 활용해 단순 작업에서 복잡한 프로세스까지 이 실행을 자동화하는 것이다.
마지막으로 컨트롤 센터에서 설계된 행동을 디지털/물리적 환경에서 실행한다. 이와 같은 구조를 통해 AI 에이전트는 사용자의 요구와 환경 변화에 능동적으로 적응하며 고도화된 의사결정을 내리는 지능형 시스템으로 발전하게 하는 것이다.

조직의 강력한 리더, 에이전틱 AI

생성형 AI는 AI 에이전트로, 나아가 에이전틱 AI로 발전하고 있다. 에이전틱 AI는 자율 진화형 AI로 기존의 AI 시스템을 뛰어넘어 스스로 목표를 설정하고 그 목표를 달성하기 위한 전략을 수립하며 실행 과정에서 발생하는 다양한 변수와 환경 변화에 자율적으로 대응한다. 완전한 자율성을 기반으로 업무 흐름을 자동으로 구성하고, 변화하는 환경에 맞춰 전략을 수정하며, 상황에 능동적으로 반응하면서 점차 학습하고 진화하는 것이다.
에이전틱 AI는 하나 이상의 AI 에이전트를 하위 모듈로 구성 운영하는 경우가 많다. 에이전틱 AI가 장기 목표와 전체 전략을 설정하면, 개별 AI 에이전트들이 그 목표의 하위 작업을 맡아 수행한다. 에이전틱 AI는 프로젝트 전체 계획을 세우고 문서 검색, 데이터 분석, 결과 작성과 같은 세부 업무를 각각 AI 에이전트에 할당할 수 있다. 이렇게 에이전틱 AI는 여러 AI 에이전트를 구성하고 조율해 하나의 완성된 결과를 만들어낸다. 반면 모든 AI 에이전트가 에이전틱 AI에 속하는 것은 아니다. 독립형 AI 에이전트는 단독으로도 특정 업무를 수행할 수 있다. 이론적으로는 에이전틱 AI는 AI 에이전트 없이 모든 작업을 직접 처리할 수 있지만 실제 구현에서는 복잡성, 확장성, 병렬 처리, 재사용성 등의 이유로 대부분의 에이전틱 AI는 여러 AI 에이전트를 모듈 형태로 두고 협업하게 하는 구조를 사용한다.

예를 들어, 물류 기업의 에이전틱 AI는 '배송 지연 최소화'라는 목표를 설정하고 날씨 정보, 교통 상황, 재고 현황 등에 대해 AI 에이전트에 분석하게 해 최적의 물류 경로를 재설정하는 전략을 스스로 수립할 수 있다. 스스로 목표를 정의하고, 여러 에이전트를 조율·협업하게 하고, 자율적으로 작업을 실행하고 학습하는 완전 자율 시스템인 것이다.

마이크로소프트는 에이전틱 AI에 대해 '최소한의 감독'으로도 복잡한 미션을 스스로 수행할 수 있는 시스템으로 정의했고, 하버드 비즈니스 리뷰는 에이전틱 AI의 핵심 개념을 '자발성'으로 규정했다. 이처럼 에이전틱 AI는 단순 자동화나 생성형 AI만으로는 달성할 수 없는 고차원적 자율성, 적응성, 혁신성을 제공한다. 기업과 조직이 빠르게 변화하는 시장에서 생존하고 성장하기 위해서는 스스로 목표를 세우고 실행하는 에이전틱 AI의 도입이 필수적인 이유이다. 복잡하고 변화가 많아 효율과 혁신이 동시에 요구되는 현대 사회와 산업에서 인간과 조직의 한계를 보완하고, 새로운 성장 동력을 제공하는 핵심 기술로 자리잡게 된 것이다.

AI 에이전트 국내 지도, 네카오가 끌고 IT서비스가 지원

국내 기업들의 다양한 산업군에서도 AI 에이전트 도입이 본격화되고 있는 모습이다. 각 기업들은 자신들이 보유한 특성과 업무 흐름에 최적화된 에이전트를 구현하기 위해 특화된 AI 에이전트 전략을 세우고 있다.

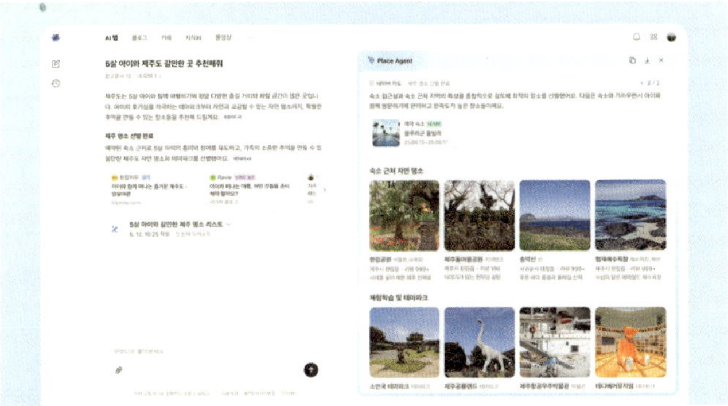

네이버 통합 에이전트 예시
(자료=네이버)

네이버는 AI 검색을 확장해 '통합 에이전트' 서비스 구현을 목표로 풍부한 콘텐츠 및 서비스에 AI 에이전트를 도입할 계획이다. 이를 통해 커머스, 플레이스, 금융, 커뮤니티 등 각 영역별로 경쟁력 있는 '버티컬 AI 에이전트(Vertical AI Agents)'가 구축될 수 있을 것으로 보인다. 이와 함께 버티컬 AI 에이전트들을 '검색' 중심으로 연결할 계획이다. 이는 사용자의 검색 과정을 하나의 경험으로 자연스럽게 연결한 맞춤형 '통합 에이전트'의 형태가 될 것이다. 통합 에이전트로의 단계적 확장을 위한 첫 번째 단계로, 네이버는 'AI 브리핑'을 출시해 사용자의 질의에 적합한 신뢰도 높은 콘텐츠를 요약 · 정리 · 추천하는 AI 검색 경험을 제공하고 있다.

네이버는 올초, 공식형/멀티출처형, 숏텐츠형, 플레이스형, 쇼핑형 등 다양한 유형으로 AI 브리핑을 출시하며 타 서비스와 차별화를 시도했다. 실제 쇼핑형 AI 브리핑인 'AI 쇼핑 가이드'를 통해 상품을 클릭한 비율이 9월 기준 20% 증가하고, 플레이스형 AI 브리핑 출시 이후 플레이스 검색 영역에서 사용자 체류 시간이 10.4%, 추가 탐색 클릭률이 27.4% 증가하는 등 사용자의 호응을 얻고 있다. 각 서비스 영역에서 콘텐츠를 보여주고 추천하는 것을 넘어, 향후 구축될 버티컬 AI 에이전트들을 연결하여 예약 · 구매 · 결제 등 최종 액션까지 지원하는 것을 목표로 AI 브리핑을 통합 에이전트로 확장해 나갈 계획이다. 또한 국내외 여러 산업 영역에서 다양한 특화 AI 에이전트들이 만들어질 수 있도록 AI 에이전트의 '엔진'이 될 수 있는 고성능 AI 모델을 'From Scratch(가장 처음 단계부터)'로 자체 개발해 생태계에 제공하고 있다.
2025년 6월에는 AI 에이전트 서비스의 핵심 기술로 주목받는 '추론(Reasoning)' 모델 '하이퍼클로바 X 씽크(HyperCLOVA X THINK)'를 개발했다. 특히 한국어 통사론, 의미론, 화용론 등 전문가 레벨 평가에서 비교군 중 최고 수준 점수를 기록, 자유로운 언어적 상호작용이 중요한 AI 에이전트 서비스에서 경쟁력 있는 추론 모델로 활용될 것으로 기대하고 있다.
더불어 텍스트를 넘어 음성, 이미지, 영상 등 다양한 형태로 소통할 수 있는 AI 서비스를 만드는 데 필요한 AI 모델도 자체 개발해 오픈소스로 공개하고 있다. 시각언어모델

'하이퍼클로바 X 시드(HyperCLOVA X SEED)3B'는 오픈소스 AI 커뮤니티에서 공개 약 3개월 만에 150만 다운로드를 돌파하며 하이퍼클로바 X 오픈소스 모델 중 가장 많은 다운로드 수를 기록하기도 했다.

이처럼 자체 AI 모델과 AI 비즈니스 생태계를 구축한 경험을 바탕으로 글로벌 진출에도 전력을 기울이고 있다. 5월 태국 '시암 AI 클라우드'와 '태국어 LLM 및 관광 특화 AI 에이전트 공동 개발 업무 협약'을 체결했으며, 일본에서는 사무 환경 및 복지 행정에 업무용 협업 툴 '라인웍스', AI 안부전화 '네이버 케어콜' 등을 도입하며 호응을 얻고 있다. 중동 지역에서는 사우디 데이터 인공지능청과 AI·클라우드 분야 협업 파트너십을 맺었다.

국내에서는 한국은행과 하이퍼클로바 X 모델에 한국은행이 보유한 데이터를 학습시켜 금융 경제 특화 생성형 AI 모델을 구축 중이다. 한국수력원자력은 원전 운전 경험 자료 및 각종 절차서를 하이퍼클로바 X에 학습시켜 한수원 특화 생성형 AI 플랫폼을 구축하고 있다. 현대자동차그룹과는 하이퍼클로바 X 기반 차량용 AI 에이전트 서비스 개발 협업을 진행 중이다.

2025년 9월, 카카오가 매년 개최하는 기술 · 개발자 중심 컨퍼런스 '이프 카카오'에서 가장 최신의 챗GPT를 가장 익숙한 카카오톡에서 만들어 가는 AI 에이전트 생태계가 공개됐다. 카카오톡 이용자라면 누구나 채팅탭 상단의 '챗GPT'를 눌러 서비스를 이용할 수 있는데, 단순히 카카오톡에 챗GPT를 적용한 것에 그치지 않고 카카오의 다양한 서비스와 연결되는 ‘카카오 에이전트’를 통해 차별화된 사용성을 제공한다. 이를 통해 이용자는 별도의 앱 전환이나 메뉴 탐색 없이 선물하기, 카카오맵, 예약하기, 멜론 등을 사용할 수 있다.

카카오 에이전트는 향후 카카오톡의 다양한 기능과 연결해 카카오뿐만 아니라 계열사, 공공기관, 외부 파트너 등이 함께 참여하는 AI 서비스 생태계 플랫폼으로 확장할 예정이다. 이를 위해 지난 8월 AI 서비스를 위한 툴(Tool) 제작과 등록을 직접 진행할 수 있게 지원하는 개방형 AI 플랫폼 ‘PlayMCP’를 국내 최초로 오픈했다. 이로써 이용자들이 쉽게 발견할 수 있는 마켓플레이스 ‘PlayTools’를 통해 AI 서비스와 이용자를 연결하는 선순환 구조를 기대할 수 있다. .

카나나 인 카카오톡은 ‘필요한 순간 먼저 말을 걸어주는 AI’로, 대화 속에서 필요한 맥락을 이해하고 먼저 카톡을 보내 일정관리, 예약, 구매, 지식검색 등 일상에 필요한 활동들을 제안하는 서비스도 공개했다. 카나나 인 카카오톡은 카카오가 직접 개발한 온디바이스 AI 모델인 ‘카나나 나노(Kanana Nano)’를 활용한다. 글로벌 최고 수준의 한국어 맥락 이해 능력을 가진 경량 모델을 적용해 스마트폰 안에서 안전하게 작동하며 서비스를 이용할 수 있는 것이 특징이다. 카나나 웹사이트에서 베타 테스트 신청이 가능하며, 10월 중순부터 테스트에 참여할 수 있었다.

궁극적으로 카카오는 카나나 모델을 바탕으로 이용자의 마음을 먼저 읽고, 알아서 도와주는 에이전틱 AI를 현실로 만들어 나가는 게 목표이다. 이번 '이프 카카오'에서는 자체 개발 카나나(Kanana) 모델이 에이전틱 AI를 향해 어떻게 진화하고 있는지에 대해 발표했다. 카나나 모델은 롱컨텍스트(Long Context) 처리와 멀티 모달 이해, 추론 능력, 외부 도구를 활용하는 능력을 집중적으로 강화하고 있다. 카나나 모델 진화의 근간에는 강력한 언어모델이 존재한다. 이에 카카오는 2025년 2월 언어 모델 라인업을 완성했으며, 불과 3개월 만에 수학, 코딩 등 고난이도 문제 해결 능력을 향상시킨 Kanana-1.5를 공개했다. 이후 인퍼런스(Inference) 효율성을 높인 Kanana-1.5를 기반으로 전문가 조합(MoE) 구조의 모델을 개발했으며, 추론 모델에 대한 연구를 진행해왔다.

현재 Kanana-1.5를 통해 축적한 기술을 확장해 고성능과 효율성, 그리고 실제 서비스에서 가장 편리한 AI를 목표로 Kanana-2를 개발 중이다. 특히, 추론 효율성의 강화와 체감 속도의 개선, 에이전틱 AI의 핵심 역량 강화에 집중하고 있다. 장기적으로 지시를 따르는 'Instruct' 모델과 깊게 생각하는 Reasoning, 모델을 통합해 카카오 서비스에 최적화된 하이브리드 언어모델을 완성할 계획이다.

IT 서비스 3社, 국내 AI 에이전트 생태계 조성

자체적으로 AI 에이전트를 개발할 여력이 없는 기업이라면 전문 정보기술(IT), 인력, 솔루션, 운영 서비스를 제공하는 IT서비스 회사의 서비스를 도입하는 방법도 있다.

먼저 삼성SDS는 AI 에이전트의 설계부터 실행, 관리 그리고 최적화까지 전 과정을 지원하는 가운데 패브릭스, 프리티 코파일럿, 브리티 오토메이션의 세 가지 솔루션을 제공한다. 패브릭스는 기업의 데이터를 안전하게 통합하고 활용할 수 있는 기업 전용 생성형 AI 플랫폼으로, AI 에이전트가 학습하고 실행할 수 있도록 최적화된 환경을 제공한다. 특히 삼성리서치에서 개발한 삼성LLM Samsung Large Language Model 을 기반으로 복잡한 언어 이해와 생성 능력을 발휘하며, 다양한 AI 모델을 조합해 특정 업무와 환경에 최적화된 에이전트를 설계할 수 있다. 브리티 코파일럿은 메일, 메신저, 미팅, 오피스 등 어느 위치에서나 자유롭게 생성형 AI 서비스를 이용할 수 있는 디지털 비서이다. 미팅 중 실시간 자막/번역, 회의 내용 Q&A, 회의록 작성, 메신저 대화 요약, 이메일 작성 등 일상 업무의 대부분을 브리티 코파일럿이 담당함으로써 사용자들은 더 전략적이고 창의적인 업무에 몰두할 수 있다. 브리티 오토메이션은 AI 에이전트가 로봇 프로세스 자동화(RPA)를 넘어 복잡한 업무 프로세스까지 처리할 수 있도록 지원한다. 머신러닝, 자연어 처리, 광학문자인식(OCR) 등 다양한 AI 기술을 통합해 반복적이고 시간 소모적인 업무를 효율적으로 자동화할 수 있다.

LG CNS는 글로벌 AI기업 코히어와 공동 개발해 기업용 AI 에이전틱 플랫폼 '에이전틱웍스'를 2025년 8월 25일 출시했다. 출시 한 달 만에 10여 개 고객사와 기술검증(PoC)을 펼치고 있다. 에이전틱웍스는 △데이터 전처리 모듈 '널리지 레이크' △모델 학습과 미세조정 모듈 '리파이너' △에이전트 개발도구 '빌더' △에이전트 운영환경 '허브' △

최적화와 배포를 위한 '스튜디오' △용도에 맞게 모델을 자동으로 매칭하는 엔진 '라우터' 등 6가지 모듈로 구성되어 있다. 고객은 필요에 따라 일부 모듈만 채택 가능해 플랫폼 전체를 도입할 때보다 비용을 크게 줄일 수 있다. 특히 LG CNS의 자체 보안 솔루션 '시큐엑스퍼'를 적용해 보안 관제와 권한관리 또한 강화했다. 현재 24시간 보안 모니터링을 실행하는 에이전트도 개발 중으로 사람이 관여하는 보안 체계를 벗어나 에이전트로 자동 대응할 수 있는 강력한 보안 기능의 추후 공개를 예고하기도 했다.

SK AX는 단순 자동화가 아닌 스스로 판단하고 일하는 지능형 AI '에이전틱 AI'를 통해 기업들의 실질적인 AX 혁신 지원에 나서고 있다. 시장 가격 예측을 지원하는 전략형 AI 'Agent MARI(에이전트 마리)'를 비롯해, 반도체, 배터리, 소재 등 고정밀 산업에선 AI를 활용한 물성 예측도 본격화하고 있다. SK텔레콤과 공동 개발한 에이닷엑스(A.X) 플랫폼은 별도 개발 지식이 없어도 AI 기능을 블록처럼 조립해 직접 서비스를 만들 수 있는 '노코드 빌더(No-code Builder)' 기능을 제공한다. 또한 본인 업무 목적에 맞게 AI 모델을 빠르게 최적화할 수 있는 '파인 튜닝(Fine-Tuning)'기능도 갖추고 있다.

임은영 (LG CNS AI센터 젠(Gen) AI사업 담당)
장화진 (코히어 아시아태평양 총괄 사장)

"더 똑똑하고 안전한 에이전틱 AI로 금융권 정조준할 계획"

스스로 판단하고 알아서 행동하는 '에이전틱 인공지능(AI)'이 화두다. 입력이 있어야 출력이 가능한 기존 생성형 AI 대비, 자율성을 갖춘 에이전틱 AI가 가져올 생산성 혁신을 기대하는 기업간 거래(B2B) 시장이 들썩이고 있다.

막상 에이전틱 AI를 도입하려는 기업 입장에선 고민되는 것이 한두 가지가 아니다. 특히 보안과 신뢰, 통제성이 중요한 금융권이나 제조 · 공공 등 민감한 산업군에서는 외부 클라우드를 임대하기보다 온프레미스(자체 인프라 구축) 환경에서 안전하게, 이왕이면 한국어 특화 대규모 언어모델(LLM)에 기반해 기업 맞춤으로 파인 튜닝(미세조정)한 똑똑한 에이전틱 AI를 사용할 수 있길 바라고 있다.

LG CNS는 캐나다 AI 전문기업 코히어와 손잡고 바로 이 지점을 공략하고 있다. 최근 기업용 에이전틱 AI 플랫폼 '에이전틱웍스(AgenticWorks)'를 공개한 LG CNS는 코히어와의 협력을 통해 금융권 고객사 10여 곳을 대상으로 개념 검증(PoC Proof of Concept) 사업을 진행하고 있다. LG CNS는 '에이전틱웍스'에서 코딩 없이 AI 서비스를 구축할 수 있는 노 코드 개발 환경인 '스튜디오(Studio)'를 코히어의 기업용 AI 플랫폼인 '노스(North)' 기반으로 구현했으며, 코히어와 공동 개발한 한국어 특화 LLM을 적용했다.

LG CNS 에이전틱웍스 차별점은 "고객 맞춤화"

임은영 LG CNS AI센터 젠(Gen) AI사업담당은 이데일리와의 인터뷰에서 이러한 한국어 특화 LLM 기반의 '에이전틱웍스'가 가지는 가장 큰 강점을 '고객 맞춤화'로 소개했다.

임 담당은 "온프레미스 환경에서만 개발 가능한 고객사들이 많고, 그렇지 않더라도 회사 데이터로 학습시키는 파인 튜닝 과정을 거치면 AI 모델의 이해도가 높아진다"며 "그런 과정들이 사실 굉장히 어려운데, 우리 플랫폼은 고객이 원하는 커스터마이징과 함께 에이전트 개발에 바로 착수할 수 있다는 점이 큰 장점"이라고 강조했다.

이는 범용적인 AI 플랫폼을 제공하는 오픈AI · 구글 등과는 다른 길을 걷겠다는 선포이기도 하다. 임 담당은 "퍼블릭 환경에서도 우리 플랫폼을 도입할 수 있지만, 그렇게 되면 고객 입장에선 아마존웹서비스(AWS)나 구글 등 선택지가 많다"며 "많은 선택지 중 하나가 되는 것보다는 온프레미스 환경에서도 빅테크보다 결코 떨어지지 않는 기술을 제공하는 것이 차별점"이라고 분석했다.

그런 점에서 기업용 에이전틱 AI를 오래 연구해온 코히어와의 협업은 가장 적절한 선택지였다. 장화진 코히어 아시아태평양 총괄 사장은 "코히어는 다른 기업들과 달리 B2B 비즈니스에 굉장히 집중하는 회사"라며 "특히 코히어의 모델 '아키텍처'는 다른 경쟁사 대비 최적화돼 있어, 똑같은 벤치마킹 성과를 내더라도 딥시크나 오픈AI에서 16개의 GPU(그래픽처리장치)가 필요하다면 코히어는 단 2개로 가능하다"고 주장했다.

코히어 입장에서도 한국은 매력적인 시장이다. 에이든 고메즈 최고경영자(CEO)와 더불어 코히어의 공동 창업자인 아이반 장

(Ivan Zhang)은 "한국은 매우 정교하고 교육 수준이 높은 디지털 네이티브 인구가 많은 시장"이라며 "새로운 문제 해결법을 계속해서 찾아내는 성향이 굉장히 고무적이며, 소버린AI(AI 주권)와 관련해 정부가 프로젝트를 진행하고 있는 점도 중요한 지점"이라고 높이 평가했다.

온프레미스 · 검색증강생성 기술로 보안 · 신뢰 확보

양사가 에이전틱 AI 플랫폼 사업에 있어 가장 중요하게 다루고 있는 것은 보안과 신뢰이다. 아이반 장은 "우리 브랜드는 창업 첫날부터 보안과 프라이버시를 중심에 두고 개발을 시작했다"며 "시스템 안에 있는 데이터는 밖으로 유출되지 않게 설계했고, 인터넷 연결이 되지 않아도 온프레미스에서 원활하게 돌아가도록 만들었다"고 설명했다.

AI의 고질적 문제인 '거짓 정보 생성(Hallucination)'과 관련해서도 "우리 모델은 검색증강생성(RAG Retrieval Augmented Generation)으로 훈련돼 할루시네이션을 최소화하고, 에이전틱웍스에 있는 툴을 최대한 활용해 답변의 출처를 명시한다"고 언급했다.

다만 장화진 총괄은 "기업의 미션 크리티컬한 업무를 무조건 AI한테 맡기는 건 답이 아니다"며 "마지막은 사람이 결정하게 하는 프로세스적 보완은 아직까지 반드시 필요하다"고 부연했다.

LG CNS는 코히어와의 파트너십을 토대로 에이전틱웍스를 국내 시장에 확산시킬 계획이다. 임 담당은 아직 시작 단계인 에이전틱 AI 시장 선점을 자신한다며 이렇게 말했다. "목표는 내년에 에이전틱웍스로 국내 에이전트 플랫폼 시장을 선점하는 것이다. 에이전틱 AI는 매우 다양한 사업적 기회를 가져올 것이고, 특히 민감 데이터를 다루는 분야라면 어디든지 우리에게 기회가 있다고 생각한다"고 진단했다.

현재는 은행권 등 금융사 위주로 PoC를 진행하고 있지만, 앞으로 타깃층은 보건의료 · 공공 · 제조 등 보안과 신뢰 기반의 에이전틱 AI를 원하는 어디든지 해당된다는 말이다.

2.

로봇

우리의 상상력을 자극해 온 존재,
로봇은 오랫동안 공상과학 영화의 단골 소재이자,
인류의 구원자 혹은 위협적인 악당의 역할을 도맡아왔다.
특히 인간의 신체 구조를 모방하는
휴머노이드(Humanoid · 인간형) 로봇 기술은
가장 복잡하고 어려운 도전으로 여겨진다.
현재 미국 전기차 업체 테슬라를 비롯한
글로벌 기업들이 휴머노이드 개발에 몰두하고 있는
가운데 이 인간형 로봇은 이미 1980~1990년대
영화 〈터미네이터〉에서 선과 악의 역할을 모두 소화하며
그 상징성을 영화사에 깊이 새긴 바 있다.

로봇, 공상과학 넘어 경영 현실로

사실 우리가 지금 쓰는 ‘로봇’이라는 단어는 첨단 과학이 아닌 문학에서 시작됐다. 체코의 극작가 카렐 차페크가 자신의 희곡 R.U.R Rossum’s Universal Robot에 등장하는 인공적인 인간형 노동자들을 지칭하기 위해 만든 말이 바로 ‘로봇’이다. 그는 ‘힘든 노동’을 뜻하는 체코어 ‘로보타(Robota)’에서 영감을 받아 이 기계들에 로봇이라는 이름을 붙여주었다. 로봇은 탄생부터 ‘노동하는 존재’라는 의미를 내포하고 있었던 셈이다.

1935년 러시아에서 영화로 제작된 R.U.R의 포스터 (사진=네이버 블로그 갈무리)

이러한 로봇의 등장에 대한 노동자들의 두려움은 역사적으로 반복돼 왔다. 19세기 러다이트(Luddite) 운동가들이 자동화된 직조기를 파괴했던 것처럼 인간과 닮은 자동 로봇이 직장에 배치되는 것은 생계를 위협하는 본능적인 반발을 불러일으킬 수밖에 없다.

그러나 오늘날의 경영자들은 공상과학 작가들의 상상력을 현실로 구현해 로봇을 생산성 향상 도구로 재편하고 있다. 자동화를 주도하는 로봇 산업의 흐름은 일자리를 완전히 파괴하기보다는 일자리의 형태를 근본적으로 변화시키는 것에 초점을 맞춘다. 이는 로봇을 초고령화 사회의 노동력 부족 문제를 해결하고, 궁극적으로 효율성, 품질 및 가치 실현을 달성하기 위한 핵심 투자로 활용하겠다는 전략적 접근으로 볼 수 있다.

국제로봇연맹(IFR) 추산에 따르면 전 세계 로봇 시장 규모는 2025년에 500억 달러에 이를 것으로 예상된다. 이는 2024년 대비 11% 증가한 수치이다. 연평균 성장률(CAGR Compound Annual Growth Rate) 14%로 성장해 시장 규모는 2030년까지 1,110억 달러에 도달할 전망이다.

로봇의 개념이 체코어의 '힘든 노동'에서 유래했듯이 공상과학을 넘어 실제 경영의 현실로 넘어오는 첫 단계를 구현한 것은 '산업용 로봇(Industrial Robots)'에서 시작됐다. 1960년대 최초의 산업용 로봇인 '유니메이트(Unimate)'가 제너럴모터스(GM)와 포드(Ford) 등 미국 자동차 제조업체에 도입되며 자동화 시대의 서막을 열었다.

현재 산업용 로봇 시장은 전 세계적으로 폭발적인 성장

세를 보이고 있다. 국제로봇연맹(IFR) 보고서에 따르면, 2024년 기준 전 세계 산업용 로봇 신규 설치는 54만 2,000대로 10년 전 대비 두 배 수준을 기록했다. 이중 중국이 29만 5,000대를 설치하며 전체의 과반(54%)을 차지, 명실상부한 세계 최대 로봇 시장의 위상을 굳혔다. 뒤이어 일본(4만 4,500대), 미국(3만 4,200대), 한국(3만 600대) 순으로 높은 설치량을 보였다. IFR은 이러한 성장세가 지속되어 2025년 약 57만 5,000대, 2028년 70만 대 돌파를 예상했다.

현재 산업용 로봇 시장의 수익은 아시아 태평양 지역이 주도하고 있다. IFR에 따르면 중국이 전 세계 산업용 로봇 수익의 42%를 차지하며 시장을 압도적으로 선도하고 있고, 일본(12.7%)과 한국(10.1%)이 그 뒤를 잇고 있다고 한다. 하지만 2030년까지 아시아의 시장 점유율은 소폭 감소하고 북미 및 유럽 시장이 성장하며 균형을 맞출 것으로 전망된다. 이는 글로벌 기업들이 공급망 안정을 위해 생산 시설을 본국이나 인접국으로 이전하는 리쇼어링(Reshoring) 및 니어쇼어링(Nearshoring) 움직임을 보이며, 이 과정에서 자동화(로봇) 투자를 적극 활용하고 있기 때문이다.

현재 산업용 로봇은 용접, 자재 취급, 조립 등 자동화 가능한 응용 분야에 활용되며 전체 수익의 약 3분의 1을 차지하는 자동차 산업에 가장 크게 의존하고 있다. 하지만 앞으로 4가지 핵심 기술 트렌드를 통해 활용 범위가 제조업 외 다양한 분야로 확대될 전망이다.

2025년 8월 19일
중국 장쑤성 우시시의
톈치 작업장에서
휴머노이드 로봇이
자동차 도색 작업을
점검하고 있다.
(사진-이데일리
이명철 특파원)

4가지 핵심 기술 트렌드의 면면을 살펴보면 다음과 같다. ①인공지능(AI) 증강으로 로봇이 단순 매뉴얼을 넘어 실시간 상황을 판단하고 예상치 못한 문제까지 스스로 해결하는 능력이 강화된다. ②GPU (그래픽 처리 장치) 사용으로 빠른 연산 능력을 활용해 AI 학습과 복잡한 로봇 제어를 처리하며, 로봇의 실시간 반응 속도와 지능을 획기적으로 향상시킨다. ③로우 코드 인터페이스는 복잡한 코딩 없이 그래픽 기반의 쉬운 방식으로 로봇에게 작업을 지시할 수 있게 되어, 로봇 활용의 진입 장벽을 대폭 낮춘다.

④소프트웨어 표준화는 로봇 시스템 간의 호환성을 높여 제조사나 모델에 관계없이 로봇을 통합 관리 및 연결하기 용이해진다.

이러한 기술적 진화는 로봇을 '똑똑하고, 쉬우며, 연결하기 편하게' 만들어 중소기업과 다양한 서비스 분야까지 로봇 시장이 폭발적으로 확장되는 기반이 될 것이다.

로봇 시장의 다각화

전 세계 로봇 시장이 기능과 형태를 다각화하며 '인더스트리 4.0' 기술 혁신의 기둥으로 자리매김하고 있다. 이미 투자수익률(ROI)이 증명된 모바일 로봇부터 인간과의 협업을 위한 협동 로봇까지, 로봇은 주변 세계와 상호작용하는 법을 배우며 점점 더 섬세하고 복잡한 작업을 수행하는 단계로 진화하고 있다.

글로벌 로봇 시장 규모 (2024-2030년) (자료= ABI Research의 보고서인 The Global Robotics Market Outlook)

종류	2024	2025	2026	2027	2028	2029	2030	연평균성장률 (2024-2030)
산업용 로봇	17.03	17.4	17.72	18.1	18.5	19	19.61	2.0%
협동 로봇	1.29	1.68	2.23	2.96	3.9	5.21	7.04	27.5%
모바일 로봇	25.87	29.98	34.9	40.89	48.57	59.54	75.37	16.5%
휴머노이드 로봇	0.02	0.07	0.59	1.81	2.94	4.88	6.54	137.7%
외골격 로봇	0.68	0.85	1.07	1.31	1.56	1.85	2.16	18.1%
총합(USD Billions)	44.87	49.98	56.51	65.02	75.42	90.45		13.8%

현재 로봇 시장은 산업용 로봇 외에도 여러 분야에서 빠른 성장을 보이고 있다. 그중 '모바일 로봇(Mobile Robots)'은 산업용 로봇과 함께 시장을 선도하고 있다. 주로 창고, 농업, 배송, 제조 등 물류 및 운영 효율화에 집중 투자되며, 특히

로봇을 움직이는 소프트웨어 솔루션 수요가 급증해 2030년까지 753억 달러의 수익을 창출할 것으로 예상된다.
인간과 가까운 영역에서 활동하는 '협동 로봇(Cobots)'은 AI 소프트웨어의 혁신적인 도움을 받아 품질과 효율성을 크게 향상시키고 있다. 합리적인 가격대와 명확한 비즈니스 사례를 바탕으로 조직 내 자동화 동의를 이끌어내며 빠른 성장을 준비하고 있다. 근로자의 신체적 부담을 완화하기 위한 '외골격(Exoskeletons)' 부문은 산업 조직이 작업장 사고를 줄이는 것을 목표로 하면서 강력한 성장 잠재력을 보여주고 있다. 산업 및 상업 분야에서 전동형(Powered) 외골격이 주도하며, 군사 응용 분야에서도 주목을 받고 있다.

2025년 7월 21일, 미국 캘리포니아주 로스앤젤레스 산타모니카 대로에 위치한 '테슬라 다이너' 에서 테슬라 '옵티머스' 로봇이 팝콘을 서빙하고 있다.

로봇 시장에서 궁극의 인간형 로봇으로 불리는 휴머노이드는 현재 가장 활발하게 투자가 이루어지는 분야이다. 글로벌 투자은행 골드만삭스도 휴머노이드 시장이 2035년까지

약 378억 달러 규모로 성장할 것으로 전망하며 기술 선점이 향후 로봇 플랫폼 경쟁의 핵심이 될 것이라고 내다봤다.

미래 로봇 시장 이끌 휴머노이드

현재는 테슬라가 미국 캘리포니아주 로스앤젤레스(LA)의 미래형 휴게소 '테슬라 다이너(Tesla Diner)'에서 엔터테인먼트 목적으로 팝콘 제공 로봇을 배치하는 정도의 수준이지만 장기적으로는 사람이 들어가기 위험한 환경, 예를 들어 석유 시설이나 가스관 같은 안전이 가장 중요한 산업 현장에 매우 유용하게 활용될 전망이다.

현재 높은 가격대로 인해 광범위한 채택에는 시간이 걸리겠지만, 비즈니스 사례가 명확해지고 가격이 하락하면 폭발적인 성장이 기대된다. 미국에 본사를 둔 글로벌 시장 조사 및 기술 분석 전문 기업 ABI 리서치는 휴머노이드 분야의 연평균 성장률(CAGR)을 137.7%로 예측했는데, 이는 협동로봇(27.5%), 외골격(18.1%), 모바일 로봇(16.5%) 등 다른 로봇 부문과 비교해 압도적인 수치로 미래 먹거리에 대한 기대감을 모으고 있다.

로봇은 주변 세계와 상호작용하는 법을 배우고 있다. 사물을 보는 능력과 정보를 흡수하고 이에 따라 행동하는 능력이 인간의 수준에 점점 가까워지고 있다는 말이다. 미래의 로봇은 점점 더 섬세하고 복잡한 작업을 맡게 될 것이다. IFR 분석가 조지 초우두리는 "로봇 공학은 디지털 혁신과 함께 진행되는 인더스트리 4.0 기술의 기둥"이라며, 로봇이 더 똑똑해지고 더 저렴해지는 속도가 빨라질수록 로봇공학 OEM뿐만 아니라 AI 소프트웨어 공급업체 및 기술 구현자 등 전방위적인 산업 파트너십에 수익성 있는 기회가 형성되고 있다고 분석했다.

현재 로봇 산업은 단순한 제조 보조 장비가 아닌 인공지능(AI)과 데이터, 모빌리티, 서비스가 융합된 차세대 산업의 핵심 인프라로 자리 잡고 있다. 이에 전 세계 각국은 인구 구조, 산업 기반, 기술 경쟁력을 바탕으로 서로 다른 로봇 전략을 펼치고 있다.

글로벌 로봇 산업에서 중국의 존재감은 압도적이다. 중국은 수년째 전 세계 산업용 로봇 설치량의 50% 이상을 차지하며 세계 1위 시장의 지위를 공고히 하고 있다. 또한 심천, 쑤저우, 항저우 등지에 대규모 로봇 클러스터를 형성해 로봇 산업의 수직 통합을 꾀하고 있다.

중국 정부는 로봇을 '중국제조 2025' 전략의 핵심 축으로 지정하고, 산업 단지에 세금 감면, 보조금, 금융 지원을 집중 투입하고 있다. 이러한 전폭적인 지원 덕분에 중국 내 로봇 기업 수는 2015년 800여 곳에서 2025년 약 1만 5,000곳 이상으로 폭발적으로 급증했다. 특히 가격 경쟁력을 앞세운 중국 기업들의 약진이 두드러진다. 휴머노이드 로봇 기업 최초로 홍콩 증시에 상장한 '유비테크(UBTech)' 같은 선두 기업들은 제조용 및 서비스용 로봇을 모두 상용화했다. 유비테크의 주력 휴머노이드 로봇인 '워커(Walker)'는 상하이 등 주요 전시회에서 테슬라의 '옵티머스', 미국 로봇 스타트업 피규어(Figure) AI의 '피규어 01'과 같은 글로벌 선두 주자들과 어깨를 나란히 하며 글로벌 기술력을 과시했다.

또 유니트리(Unitree)는 원래 네발 보행 로봇(로봇 개)으로 유명했지만, 최근 휴머노이드 로봇 'H1'과 'G1'을 공개하며 시장의 이목을 집중시켰다. 2025년 1월, 키 180㎝인 'H1' 16대가 춘절 갈라쇼 무대에서 인간 무용수들과 함께 대규모 군무를 선보이며 세계적인 주목을 받은 것이다. 이는 중국의 AI 기반 전신 모션 제어 기술과 하드웨어 대량생산 능력을 과시하는 상징적인 사건이었다.
유니트리의 'G1' 로봇은 'H1' 보다 작고(약 135㎝), 대량생산과 가격 경쟁력에 초점을 맞춘 모델이다. 공개 당시 약 1만 6,000달러(약 2,000만 원대)라는 저렴한 예상 가격이 큰 화제가 되기도 했다. 뛰어난 균형 제어 능력과 높은 자유도를 자랑하면서도 기존 글로벌 경쟁사 제품 대비 훨씬 저렴한 가격으로 출시돼 '휴머노이드의 대중화' 가능성을 열었다는 평가를 받는다.

2025년 1월
중국 CCTV에서 방영한
춘완에 등장한
유니트리 로봇 H1.
(사진=웨이보)

일본은 2015년 '로봇 신전략(New Robot Strategy)'을 수립해 단순 제조를 넘어 인구 감소 시대의 난제인 '돌봄(간

병) 로봇'과 '농업 로봇' 개발에 집중하고 있다. 2020년부터는 '문샷(Moonshot) R&D' 프로그램을 통해 2050년까지 인간과 공존하는 차세대 로봇 개발을 추진하고 있다.

2025년 7월 스위스 제네바에서 열린 글로벌 서밋에서 유니트리의 휴머노이드 로봇이 방문객들과 인사하고 있다. (사진=AFP)

일본은 대기업 중심의 민간투자가 활발한 곳이다. 2025년 10월 스위스 ABB의 산업용 로봇 사업부를 소프트뱅크가 54억 달러에 인수하며 일본 민간 부문이 세계 로봇 시장의 주도권을 다시 확보하려는 움직임을 보였다. 손정의 회장이 강조한 '피지컬 AI (Physical AI)' 전략의 일환으로, 일본이 전통 제조로봇 강국에서 AI · 로봇 융합국가로 진화하려는 방향성과도 맞닿아 있다는 평가가 나온다. 피지컬 AI는 로봇이 AI를 탑재해 스스로 판단하고, 사람과 상호작용하며, 물리적 세계에서 임무를 수행하는 기술을 말한다. 소프트뱅크는 ABB 인수를 통해 산업용 로봇 기술을 확보하고, 자사 로봇(페퍼)과 결합해 물류 · 제조용 AI

로봇 시장을 확대하려는 전략이다.

일본 대표 기업인 도요타 · 혼다도 자율이송 · 간병 로봇 개발을 강화하고 있으며, 로봇 스타트업과의 오픈이노베이션 협력도 확대되고 있다.

유럽연합(EU)은 '호라이즌 유럽(Horizon Europe)' 프로그램을 통해 AI 및 로봇 연구에 100억 유로 규모의 대규모 자금을 투자하고 있다. 이는 기술 개발뿐 아니라 로봇 사용에 따른 윤리 및 규제 정비를 병행해 기술의 안전하고 사회적인 통합을 목표로 한다.

대표 기업인 ABB와 쿠카(KUKA)는 산업용 로봇 분야의 강자로, 스마트팩토리 · 자동차 · 의료산업 전반에서 고정밀 협동로봇을 상용화하고 있다.

미국은 유럽이나 아시아 국가들처럼 연방 정부의 직접적인 단일 로봇 산업 전략은 없다. 대신 군사, 우주, 산업 분야의 R&D 예산을 대폭 확대하며 민간 기업의 혁신을 지원한다. A3(자동화 기술 관련 협회) 등 업계 단체에서는 국가 로드맵 제안을 내놓고 있다.

미국 로봇 산업에 활약 중인 기업들은 'AI 기반 지능형 로봇' 중심으로 패러다임을 전환하고 있다. 이에 자율주행, 휴머노이드, 물류 자동화 분야에서 성장이 두드러진다.

대표 기업으로는 테슬라, 엔비디아, 아마존, 피겨AI 등이 있다. 테슬라는 휴머노이드 로봇 '옵티머스'를 통해 범용 로봇 시장 개척에 나서 일부 조립 공정에서 실무를 수행 중이다. 엔비디아는 로봇 전용 GPU와 '아이작' 시뮬레이션 플랫폼으로 로봇의 학습과 자율성을 지원하며 기술 표준을 선도하고 있다.

아마존은 물류 자동화 로봇과 더불어 미국 휴머노이드 로봇 전문기업 애질리티로보틱스(Agility Robotics)의 휴머노이드 '디지트'를 물류 시스템에 도입해 인간과의 협업 자율화 시스템을 실험 중이다. 피겨AI는 테슬라 및 보스턴다이내믹스 출신 인력을 중심으로 범용 휴머노이드 'Figure 01'을 개발하며 오픈AI와 엔비디아 등으로부터 7억 달러 이상의 투자금을 유치했다.

첨단 로봇 시장 추격자, 한국

한국은 '지능형 로봇 4차 기본계획(2024~2028)'을 수립하고, 2030년까지 산업용 70만 대와 서비스용 30만 대를 포함해 총 100만 대의 로봇 보급을 목표로 하고 있다. 이는 제조 강국으로서 로봇 밀도를 높이고, 첨단 서비스 로봇 시장을 선점하려는 전략이라 할 수 있다. 한국 주요 대기업들은 로봇을 미래 핵심 성장 동력으로 삼고 각자의 주력 분야에서 혁신을 가속화하고 있다. 삼성전자는 협력사와 함께 스마트팩토리 라인용 협동로봇을 개발하며 제조 혁신형 로봇에 집중하고 있다. 국내 대표 로봇 전문기업인 레인보우로보틱스에 대한 지분 확대로 최대 주주 지위를 확보하며 휴머노이드와 AI 협동로봇 등 미래 로봇 개발의 기반을 강화했다.

LG전자는 자율주행 기술을 기반으로 하는 청소 · 운반 로봇 'LG 클로이(CLOi)' 라인업을 중심으로 B2B 로봇 플랫폼 기업으로 변신을 추진 중이다. 물류 자동화와 접객 서비스 등 다양한 상업 공간에서 로봇 솔루션을 제공하며 사업 영역을 넓히고 있다.

두산로보틱스는 상장 이후에도 꾸준한 성장을 이어가 글로벌 협동로봇 시장 점유율 5위권으로 올라서며 'K로봇'의 대표주자로 자리매김했다. 협동로봇 기술력과 다양한 애플리케이션 확보를 통해 글로벌 시장 공략에 속도를 내고 있다.

삼성_레인보우로보틱스 : 레인보우로보틱스 차세대 이동형 양팔로봇 'RB-Y1' 모습. (사진=레인보우로보틱스)

현대자동차그룹은 보스턴다이내믹스 인수를 통해 이동형 로봇 기술과 휴머노이드 '아틀라스(Atlas)' 연구를 이어가고 있으며, 2026년 상용화를 목표로 개발에 박차를 가하고 있다. 또한 자동차 생산 공정 등에 아틀라스를 투입하며 현장 데이터를 확보해 기술을 고도화할 계획이다.

현대차_보스턴다이내믹스: 미국 TV쇼 '아메리카 갓 탤런트' 생방송 무대에서 보스턴다이나믹스 스팟이 안무를 선보이고 있다. (사진=현대차)

네이버가 검색회사를 넘어 로봇회사로 평가받고 있다. 국내 기업 중 유일하게 모건스탠리가 선정한 '전 세계 100대 로봇 기업'에 이름을 올린 바 있다. 자사 R&D 조직인 네이버랩스는 미국 MIT와 공동으로 이족보행 형태의 휴머노이드 로봇 개발에 착수했다.

네이버_로봇연구: 네이버의 연구개발 조직 네이버랩스에서 로봇 기술 연구를 하고 있다. (사진=네이버)

네이버는 로봇이 사람 대신 건물 내를 이동하며 물류를 운반하는 '로봇친화 빌딩' 개념을 세계 최초로 사옥 '1784'에서 상용화했다. 이 사옥에서는 100여 대의 로봇이 자율주행과 엘리베이터 연동을 수행한다. 이를 토대로 'ARC Advanced Robot Control' 플랫폼을 통해 로봇-공간-AI를 통합 제어하는 핵심 기술을 '공간 데이터 기반의 AI 로보틱스 생태계'로 규정하고, 물류 자동화와 서비스 로봇 수출을 추진하고 있다.

장영재
다임리서치 대표(KAIST 산업 및 시스템공학과 교수)

"뒤처진 로봇 하드웨어, 소프트웨어 주도권 확보해야"

"움직이는 하드웨어 부문에서는 중국 등 다른 나라가 두각을 나타내고 있어 우리나라 로봇 산업이 경쟁하기엔 어려운 상황이다. 결국 미래는 소프트웨어 주도권 확보에 달려 있다." 장영재 한국과학기술원(KAIST) 산업 및 시스템공학과 교수는 이데일리와 인터뷰에서 국내 로봇 산업 현주소를 이같이 진단했다.

장기적인 산업 생태계의 지속 가능성 중요

실제 중국은 글로벌 로봇 시장, 특히 산업용 및 서비스용 로봇 분야에서 정부 지원과 막대한 내수 시장을 무기로 두각을 나타내고 있다. 이에 국내 기업이나 연구기관이 정면으로 경쟁하기 어려운 상황이다. 로봇 하드웨어 부문에서 경쟁이 어려워지면 국내 기업들이 투자를 줄이게 되면서 결국 관련 연구 인력과 기술 명맥이 끊어지는 수순을 밟게 될 위험이 있다.

하지만 장 교수는 중국의 장악 속에서도 우리나라가 로봇 하드웨어 분야 개발을 멈춰선 안 된다고 역설한다. 단기적인 시장 효율성보다 장기적인 산업 생태계의 지속 가능성을 더 중요하게 보기 때문이다.

그는 "이 하드웨어 부분은 '스크린 쿼터제'처럼 연구의 명맥을 유지할 수 있도록 정부의 지원이 필요하다"고 강조했다. 스크린 쿼터제가 외국의 막대한 자본력 앞에서 국내 영화 산업의 존재 자체를 보호했듯이, 로봇 하드웨어 분야 역시 중국의 경쟁력 앞에서 국내 연구 개발의 '씨앗'과 '명맥'이 마르지 않도록 정부의 전략적이고 직접적인 지원이 필요하다는 의미이다.

그러면서 장 교수는 로봇 하드웨어 부문에서 우위를 선점할 수 없다면 로봇들을 협력하게 만드는 '피지컬 AI' 소프트웨어 분야에서 한국이 주도권을 가져야 한다고 강조한다. 그는 "결국은 소프트웨어의 전쟁이다. 우리나라가 이 로봇 협업 소프트웨어에 대한 주도권을 가지고 연구개발(R&D)에 지속적으로 투자해야 한다"라고 말했다.

장 교수는 현재 KAIST 교수이자, 2020년 수많은 로봇을 하나처럼 움직이게 하는 기술을 구현한 AI 자율제조 스타트업 '다임리서치'를 제자들과 공동 창업한 대표적인 산학연계형 인물이다. 대규모 로봇 군집 자율제조 소프트웨어(SW) 기술로 로봇 기반 스마트 팩토리를 구현한 전문가이자 창업가인 것이다.

소프트웨어의 국산화와 주도권 확보해야

특히 장 교수는 최근 기업들의 연이은 해킹 사고 등 보안 문제를 이유로 들며, 로봇을 움직이는 공장에서 협업 소프트웨어의 국산화와 주도권 확보를 강조했다. 실제로 2025년 9월 영국 자동차기업 재규어랜드로버(JLR)가 대규모 사이버 공격으로 생산 · 물류 · 사후관리(A/S) 시스템이 마비되어 하루 수백억 원대 피해를 입은 사건을 언급하며 "로봇 협업 소프트웨어는 보안 문제와 직결되기 때문에 외국에 의존하면 분명 한계가 있다. 우리나라가 주도권을 가지고 계속 R&D에 투자해야 한다"라고 역설했다.

장 교수는 로봇 협업 소프트웨어를 통한 기술 혁신으로 궁극적으로는 단순 노동자가 없는 고도의 자동화된 스마트 팩토리로의 전환, 즉 '공장 무인화'를 구현해야 한다고 강조했다. 또한 "피지컬 AI 기술은 수많은 로봇이 서로 협업하면서 각자 공존을 이루어내는 기능이 핵심이며, 이 협업 기술이 바로 무인 공장 시스템을 작동시키는 기반"이라고 설명했다. 이를 위해 전문화된 인력 양성의 필요성도 강조했다. 장 교수는 "단순히 로봇만 관리하는 단순 노동력이 아닌, 피지컬 AI 시스템을 구축하고 운영하는 전문화된 인력이 많이 필요하다"며 "정부는 특정 기업의 성장을 직접 지원하기보다는 창업 활동을 장려할 수 있는 생태계와 기반을 마련해 기술 생태계를 업그레이드하도록 간접적으로 지원해야 한다"고 강조했다.

3.

AI 자율제조

자동차나 반도체 공장이 사람의 손길 없이 스스로 생각하며 돌아간다면? 마치 공상과학 소설 속 먼 미래 이야기처럼 들리지만, 요즘 산업 현장에서는 이러한 이야기가 하나둘 현실이 되어가고 있다. 지금 이 순간에도 글로벌 첨단 제조 기업 공장에서는 AI가 스스로 결정을 내리며 생산라인을 돌리고 있다. 공장 곳곳에 설치된 센서와 카메라가 24시간 기계 상태를 지켜보다가 이상 신호라도 감지하면 곧장 AI에게 알린다. AI는 '이 부품은 곧 마모될 것 같으니 교체를 준비하세요'라고 관리자에게 먼저 알린다. 덕분에 라인이 멈추기 전에 대응할 수 있고 예상치 못한 손실도 줄일 수 있는 것이다. 이것이 바로 공장의 '자동화'와 '자율화'의 차이이다.

스스로 생각하는 공장 'AI 자율제조'의 시대

예전 공장은 기계 한 대가 멈추면 문제를 해결하기 위해 작업자 수십 명이 몰렸었다. 어떤 작업자는 공구를 챙기고, 어떤 작업자는 매뉴얼을 펼치고, 어떤 작업자는 화급히 관리자에게 전화를 걸었다. 머리를 맞대 원인을 찾는 데도 시간이 걸렸고, 해결 과정도 쉽지 않았다. 하지만 지금은 다르다.

기존의 자동화 공장은 사람이 정해둔 규칙을 기계가 그대로 반복한다. 그에 반해 자율화는 그보다 한 걸음 더 나아간다. 데이터를 살펴보던 AI가 '앞 공정에서 불량률이 늘고 있으니, 속도를 잠시 늦추는 게 좋겠다' 라고 판단하면 자율적으로 판단해 결정할 수 있다.

이제 공장은 단순히 기계와 설비가 즐비한 공간이 아니다. 마치 거대한 두뇌를 가진 유기체처럼, 공장의 모든 구성요소가 하나의 신경망으로 연결되어 움직인다. 두뇌 역할을 하는 AI가 데이터를 받아 상황을 판단하면, 설비와 로봇, 물류 시스템이 그 명령에 맞춰 유기적으로 반응한다. 센서가 눈과 귀가 되어 정보를 전달하고, 로봇은 손과 발이 되어 실제 작업을 수행한다.

제조 공장은 언제나 기술 혁신의 무대였다. 증기기관과 방직기가 들어서며 본격적인 기계화 시대가 열렸고, 전기 시스템이 구축되면서 생산 속도는 비약적으로 올라 대량생산을 가능케했다. 이후 전자와 컴퓨터 기술이 결합된 자동화는 생산성을 한 단계 더 끌어올렸다. 그리고 이제 데이터와 AI가 그 자리를 이어받고 있다. 19세기 방직공장이 산업혁명의 얼굴이었다면, 21세기를 대표하는 상징은 아마도 스스로 일하는 'AI 자율제조 공장'이 될 것이다.

AI 자율제조는 사람과 AI가 각자의 강점을 살려 협력하는 새로운 동반자 모델로 주목받고 있다. 반복적이고 지루한 일은 AI가 맡고, 사람은 창의적이고 더 가치 있는 문제에 집중할 수 있는 환경이 열리는 셈이다. 앞으로 이 기술을 바탕으로 탄생할 '스스로 일하는 공장'은 단순히 더 빨리, 더 많이 생산하는 데 그치지 않고, 더 똑똑하고 더 지속가능한 방식으로 세상을 바꾸는 공장이 될 거란 기대가 커지는 이유다.

AI 자율제조를 현실로 만드는 네 가지 기술

우리가 흔히 아는 '자동화 공장'은 어디까지나 사람이 정해 놓은 규칙 안에서만 움직인다. 쉽게 말해 요리책에 적힌 레시피를 물 한 숟가락의 오차 없이 그대로 따라 하는 요리사와 같다. 정해진 분량의 재료와 조리 순서, 조리 도구가 완벽하게 갖춰지면 별문제 없이 진행되겠지만, 그중 무엇 하나 충족하지 못하면 곧바로 문제가 생기거나 아예 멈춰야 할 수도 있다.

반면 AI 자율제조 기술이 적용된 공장은 훨씬 더 유연한 대응이 가능하다. 단순히 정해진 규칙을 반복하는 게 아니라 AI가 공정 데이터를 실시간으로 분석하고 그 결과를 바탕으로 스스로 판단해 결정을 내리기 때문이다. 마치 주방 상황과 재료 상태를 스스로 살피고 레시피에 없더라도 맛을 더 살리기 위해 간을 보고 소금을 더 넣는 똑똑한 요리사처럼 말이다.

AI 자율제조를 위한
핵심 기술 4가지

그렇다면 똑똑한 요리사, AI 자율제조를 실제로 구현하려면 어떤 핵심 기술들이 필요할까? 첫째, 디지털 트윈(Digital Twin)이다. 공장 전체를 그대로 복제한 가상의 쌍둥이 공간을 만들어 설비와 공정 데이터를 실시간으로 반영하는 기술을 말한다. 설비가 어떻게 작동하는지, 특정 부품이 얼마나 마모됐는지, 공정 속도를 조절하면 어떤 결과가 나오는지를 가상 공간에서 먼저 시뮬레이션해 보고, 그 결과를 실제 현장에 적용할 수 있도록 하는 중요한 기술이다.

둘째, 머신 비전(Machine Vision)이다. 기계에 눈을 달아주는 기술이다. 카메라와 센서를 통해 제품 표면을 촬영하고 AI가 이를 분석해 불량 여부를 판별하도록 하는 것이다. 예전에는 작업자가 복잡한 부품을 일일이 눈으로 확인해야 했지만 이 기술을 활용하면 AI가 스스로 장비의 미세한 흠집이나 균열을 잡아내고 반복적으로 나타나는 문제 패턴까지 찾아낼 수 있다.

셋째, 예지 정비(Predictive Maintenance)이다. 기계가 고장 나서 멈추기 전에 다양한 변수를 예측하고 알려주는 기술이다. 센서가 수집한 데이터를 AI가 분석해 '이 부품은 곧 문제가 생길 수 있으니 교체가 필요하다'고 경고하는 식이다. 덕분에 공장이 갑자기 멈추는 돌발 상황을 예방하고 불필요한 정비 비용도 줄일 수 있다.

마지막으로 로봇과의 결합이다. 기존의 자동화 로봇이 정해진 동작만 반복하는 단순 기계였다면 AI와 결합한 로봇은 상황에 따라 작업 방식을 스스로 바꿀 수 있다. 그래서 조립 과정에서 예상치 못한 변수가 생겨도 로봇이 판단해 다른 방법으로 작업을 이어갈 수 있다. 최근 기업들이 양팔과 다리, 손가락까지 갖춘 사람 형태의 휴머노이드 로봇을 개발해 공장에 투입하려는 이유도 어느 포지션에 배치해도 척척 일을 해내는 자율성을 확보할 수 있기 때문이다.

이 네 가지 요소를 결합하면 공장은 더 이상 사람이 정해준 절차만을 따라가는 단순 기계 집합체가 아니다. 공장 전체가 데이터를 기반으로 스스로 학습하고, 순간순간 최적의 선택을 내리는 지능형 시스템으로 진화하는 것이다.

AI 자율제조, 왜 필요한가

글로벌 산업계가 AI 자율제조에 주목하는 이유는 여러 가지이다. 우선 자동차나 반도체 같은 산업 현장의 경우, 이미 사람이 감당하기 벅찰 정도로 고도화된 기술력이 그 이유이다. 머리카락 굵기의 몇십 분의 일 단위 오차까지 관리해야 할 정도로 공정이 점점 더 복잡해지고, 숙련된 기술자는 줄고 있으며 인건비는 계속 오르기 때문이다. 예전처럼 인력만으로 모든 문제를 해결하기에는 한계에 다다른 기업들이 공정 전반의 고도화 추진에 눈을 돌리고 있는 것이다.

또한 불확실한 공급망에 대한 대응력을 높이는 방안으로도 주목받고 있다. 2020년 코로나 팬데믹 당시 특정 지역의 공장이 멈추자 전 세계 생산 라인이 도미노처럼 흔들렸다. 차량용 반도체 부족으로 완성차 업체들이 수개월간 생산을 줄였고, 배터리 원재료 조달이 막히면서 전기차 라인이 멈추는 일도 벌어졌다. 그러나 AI는 공급망 데이터를 실시간으로 분석해 '이 부품은 곧 부족해질 것'이라는 신호를 미리 감지할 수 있다. 필요하다면 공정을 조정해 다른 재료나 공정으로 대체 생산을 시도할 수도 있고, 물류와 재고 운영을 최적화해 필요한 부품을 낭비없이 제때 확보할 수도 있다.

제조업의 당면과제와
AI 자율제조의 역할
(자료=산업통상자원부)

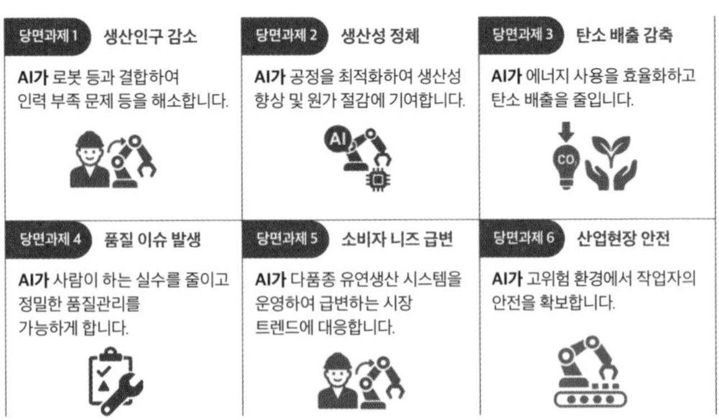

아울러 이제는 제조업 분야도 환경과 지속가능성을 빼놓을 수 없는 현실이 되었다. 단순히 많이 만드는 것만으로는 시장에서 살아남을 수 없게 된 것이다. 에너지를 아끼고, 자원을 절약하며, 탄소 배출을 줄이는 능력이 기업의 중요한 경쟁력이 되고 있다. AI 자율제조는 이런 요구에 해법을 제공하고 있다. AI가 공정을 실시간으로 최적화해 불필요한 가동을 줄이면 전력 소모와 원자재 낭비가 크게 줄어드는 것이다. 여기에 재제조(Remanufacturing) 기술을 결합하면 버려지던 부품을 다시 살려내는 순환 경제까지 가능해진다. AI가 '이 부품은 여전히 쓸 수 있다', '이건 폐기해야 한다'를 판별하면서 자원 활용 효율을 극대화하는 것이다.

또한 글로벌 제조업 경쟁은 날로 치열해지고, 저가 공세도 거세지고 있는 상황에서 AI 자율제조는 생산성 · 효율성 · 품질 · 비용이라는 제조업의 핵심 과제를 동시에 해결할 수 있는 해법으로, 더 이상 선택이 아닌 필수가 되고 있다. 무엇보다 AI 자율제조의 대표적 효과는 '다운타임' 최소화이다. 과거에는 설비 한 대가 멈추면 생산 라인이 통째로 서버리고, 그로 인한 손실은 눈덩이처럼 불어났다. 하지만 AI 자율제조 기반 공장은 수많은 센서 데이터를 실시간으로 분석해 고장 징후를 미리 포착한다. 덕분에 공장이 불시에 '올스톱' 되는 사태를 줄이고 안정적인 생산을 이어갈 수 있게 되는 것이다.

또 하나 중요한 변화는 고객 맞춤형 생산이다. 과거에는 대량생산 체제에서 똑같은 제품을 대량으로 찍어내는 것이 효율적이었지만, 이제는 소비자 요구가 훨씬 더 다양해지면서 효율성의 기준이 달라졌다. AI 자율제조는 공정 데이터를 유연하게 조정해 개별 주문에도 즉각 대응할 수 있다. 고객이 옵션을 추가하고 디자인을 바꾸더라도 공장은 큰 혼란 없이 생산 방식을 바꿔가며 안정적으로 생산할 수 있는 것이다.

이제는 기술적 여건이 충분히 뒷받침되고 있다는 점도 AI 자율제조 도입이 가속화되는 배경이다. 과거 AI는 데이터 저장과 처리 비용이 너무 비싸서 일부 대기업이나 연구소만 다룰 수 있는 귀한 기술이었다. 하지만 지금은 상황이 달라졌다. 클라우드 비용이 크게 낮아지고, 오픈소스 AI 플랫폼과 다양한 상용 솔루션이 등장하면서 비교적 규모가 작은 기업들도 AI를 실험하고 적극적으로 도입할 수 있게 된 것이다.

여기에 센서, 네트워크, 반도체 성능 같은 기반 기술까지 빠르게 발전하면서 공정 전반에서 데이터를 수집하고 분석하는 일이 훨씬 수월해졌다. 데이터, 알고리즘, 컴퓨팅 파워라는 세 축이 동시에 성숙한 덕분에 AI 자율제조는 더 이상 먼 미래의 아이디어가 아니라, 이미 현실에서 시작된 변화로 받아들여지고 있다.

현실로 다가온 '생각하는 공장' AI 자율제조

이처럼 AI 자율제조는 점차 현실이 되어가고 있다. 첨단 기술과 수많은 부품이 사용되는 자동차 · 전자 산업이 대표적인 무대이다. 아직 완전한 AI 자율제조나 무인 공장이 구현된 것은 아니지만 곳곳에서 관련 기술이 적용되며 점점 더 큰 그림이 그려지고 있다.

대표적으로 미국의 완성차 기업 제너럴모터스(GM)는 조립 로봇에 AI 기반 예측 시스템을 달았다. 로봇에 부착된 카메라가 움직임과 부품 상태를 기록하면 AI가 이를 분석해 '곧 고장이 날 수 있다'는 신호를 미리 찾아낸다. 실제로 GM은 이 시스템 덕분에 수십 건의 예상치 못한 고장을 막고 생산 중단 시간을 크게 줄일 수 있었다고 한다.

독일의 완성차 기업 BMW는 생산하는 차량마다 '디지털 파일'을 붙였다. 각 차량의 가상 설계 지침을 저장해두면 공장 로봇이 그 파일을 읽고 스스로 조립을 진행한다. 이를 통해 고객 맞춤형 생산이 가능해지고, 설비 교체 속도도 빨라졌다. 말 그대로 '주문형 공장'이 구현된 셈이다.

현대차는 싱가포르에 로보틱스와 AI 기술을 융합한 지능형, 자동화 제조 플랫폼 'HMGICS Hyundai Motor Group's Innovation Center in Singapore'를 세워 물류부터 조립까지 전 과정을 AI로 실시간 최적화하고 있다. 보스턴다이내믹스의 휴머노이드 로봇을 제조 공정에 투입하려는 계획도 세웠다고 한다. 단순히 한 동작을 반복·흉내 내는 로봇이 아니라 돌발 상황에 즉시 대응하는 작업자로 AI 자율제조의 핵심 요소인 '로봇과의 결합'을 실현하려는 것이다.

LG전자는 가전 공장에서 AI 비전 기술을 도입해 냉장고 생산 라인의 품질 검사를 자동화했다. 포스코는 광양제철소에서 AI를 활용해 철강 코일의 불량을 실시간으로 검출하고 있다. 예전 같으면 사람이 직접 눈으로 확인해야 했던 결함들을 AI가 빠짐없이 잡아내는 것이다. 이외에도

화학 플랜트에서는 외부 환경 변화에 맞춰 가동 방식을 자동으로 바꾸는 AI 제어 기술이 쓰이고, 제약 산업에서는 생산 데이터 위변조를 막고 품질을 보장하는 데 AI가 활용되고 있다.

포스코 광양제철소 냉연코일 이재판정 CCTV가 작동되고 있는 모습 (자료=포스코)

데이터 연동, 인재 확보, 노동현장 저항은 과제

AI 자율제조가 보여주는 미래는 분명 매력적이지만 아직 넘어야 할 현실적인 문제 또한 만만치 않다. 단순히 기술만 있다고 되는 게 아니라 산업 생태계 전체가 뒷받침되어야 하기 때문이다.

우선 데이터 연동성 문제이다. AI가 제대로 작동하려면 수많은 장비와 공정에서 나오는 데이터를 표준화해 쌓고 자유롭게 쓸 수 있어야 한다. 하지만 현실은 다르다. 국내만 해도 스마트공장이 3만 개 넘게 보급됐지만 대부분이 아직 기초 단계에 머물러 있다. 게다가 설비마다 데이터 형식도 제각각이라 기업 간 협업이나 생태계 확장도 원활하지 않은 상황이다. AI를 훈련시킬 데이터가 부족하거나 제때 공유되지 않는다면 '스스로 판단하는 공장'은 현실로 다가오기 어렵다.

기업의 역량 격차 문제도 고려해야 한다. 국내 대기업들은 자체 투자와 글로벌 협력으로 AI 자율제조를 빠르게 실험하고 있지만 중소·중견 기업은 정부 지원 없이는 첫발조차 떼기 힘든 실정이다. 특히 현재 추진되는 제조 AI 파운데이션 모델이 대기업 중심으로 흘러간다면 새로운 '담장 쌓기'가 될 우려도 있다. 글로벌 트렌드처럼 오픈소스 기반으로 상호운용성을 확보하지 않으면 AI 자율제조는 특정 기업의 전유물로 끝날 위험이 있다는 말이다.

스마트공장 수준 단계 분류표 (자료=대한상공회의소)

등급	수준단계	특성	조건(구축 수준)	적용 기술
Level 5	고도화	맞춤 및 자율	모니터링부터 제어, 최적화까지 자율로 운영	인공지능, AR/VR, CPS 등
Level 4	중간2	최적화 & 통합	시뮬레이션을 통한 사전 대응 및 의사결정 최적화	최적화 도구, 시뮬레이션, 센서 제어기
Level 3	중간1	분석 & 제어	수집된 정보를 분석하여 제어 가능	센서 + 분석도구, PLC
Level 2	기초2	측정 & 확인	생산정보 실시간 모니터링 가능	센서
Level 1	기초1	식별 & 점검	부분적 표준화 및 실적정보 관리	바코드, RFID
Level 0	ICT 미적용	미인식 & 미적용	미인식 및 ICT 미적용	-

여기에 산업을 이끌어갈 전문 인력이 부족한 것도 문제이다. 제조와 AI를 모두 아우를 수 있는 융합형 인재는 아직 절대적으로 부족하다. 현장에서는 'AI는 좋다지만 실제로 돌릴 사람이 없다'는 말이 나올 정도다. 맞춤형 교육 프로그램, 산학 협력, 해외 인재 유치 같은 노력이 병행되지 않으면 기술 도입은 속도를 내기 어려울 것이다.

노동 현장의 저항 역시 중요한 과제이다. AI가 도입되면 가장 먼저 튀어나오는 반응은 '내 일자리가 사라지는 건 아닐까'하는 불안이다. 오랫동안 익숙해진 방식에서 새로운 시스템으로 옮겨가는 과정에서 심리적 거부감이 커지는 것도 당연하다. 이를 풀기 위해서는 단순히 기술을 설치하는 것만으로는 부족하다. 교육과 소통을 통해 AI가 사람을 대체하는 존재가 아니라, 반복적이고 힘든 일을 덜어주는 존재임을 알려야 한다. 더불어 인간이 더 창의적이고 전략적인 일에 집중할 수 있도록 돕는 파트너라는 인식을 심어줘야 한다.

결국 AI 자율제조는 기술만의 문제가 아니라 데이터 · 인프라 · 인력 · 제도라는 여러 요소가 함께 맞물려야만 현실로 이어질 수 있다. 이 벽들을 어떻게 넘어서느냐에 따라 한국 제조업이 '스스로 일하는 공장'의 시대를 주도할지, 아니면 뒤쫓을지가 결정될 것이다.

AI 자율제조가 가져올 미래는

AI 자율제조는 아직 완전히 자리 잡은 기술은 아니지만 곳곳에서 현실이 되어 다가오고 있다. 이 때문에 앞으로의 공장은 지금 우리가 떠올리는 모습과는 크게 달라질 것이다. 컨베이어벨트 앞에 줄지어 선 작업자가 아니라, 센서와 네트워크로 연결된 설비와 로봇이 끊임없이 대화를 나누는 유기체 같은 공간이 될 것이다. 변화가 생기면 곧바로 감지해 공정을 조율하고, 공급망에 이상이 생겨도 대안을 찾아내며, 소비자의 주문이 바뀌면 즉각 생산 방식을 바꿔 대응하는 공장의 모습이 익숙한 시대가 올 것이란 얘기다. 그 과정에서 에너지를 덜 쓰고 자원을 아끼며 불필요한 낭비를 줄이는 일 또한 자연스럽게 따라올 것이다. AI 자율제조는 에너지 절약과 자원 효율화에 탁월할 뿐 아니라 '재제조'와 결합하면 쓰다 버리던 부품을 다시 살려내는 순환 경제까지 가능하게 하기 때문이다. 앞으로는 환경을 고려하지 않는 공장은 경쟁력을 잃고, AI 자율제조는 지속가능성을 위한 필수 요소로 자리 잡게 될 것이다.

AI 자율제조
공장 상상도
(자료=GPT 생성)

이에 따라 글로벌 경쟁 구도 역시 크게 바뀔 수 있다. 누가 먼저 AI 자율제조를 완성해 산업 전반으로 확산시키느냐에 따라 제조업의 주도권이 달라질 수 있기 때문이다. 과거 산업혁명이 국가 경쟁력을 갈랐다면 앞으로는 AI 자율제조가 그 분수령이 될 것이다. 이것은 한국에도 기회이자 도전이 될 수 있다.

사회 · 경제 전반에도 파급효과가 클 것이다. 생산 효율이 높아지면 제품 가격은 안정되고 소비자는 합리적인 가격에 고품질 제품을 누릴 수 있다. 국가 간 경쟁력은 '누가 더 빨리 AI 자율제조를 도입했는가'로 판가름 나고, 장기적으로는 이러한 역량이 국가 경제력을 평가하는 핵심 지표가 될 수도 있다. 저렴해진 클라우드와 오픈소스 AI 플랫폼 덕분에 이제는 대기업뿐 아니라 중소기업도 AI 자율제조를 도입할 수 있다. 과거에는 막대한 자본과 인프라가 필요했지만, 지금은 규모가 작은 기업들도 기술을 실험하고 활용하며 새로운 기회를 찾을 수 있는 시대가 열린 셈이다. 결국 AI 자율제조는 산업 현장에 국한되지 않고 소비자 · 기업 · 국가 모두에게 영향을 미치는 거대한 경제적 전환점이 될 수 있다.

더더욱 먼 미래에는 세계 여러 나라의 공장이 디지털 트윈과 표준화된 데이터 네트워크를 통해 하나로 연결될지도 모를 일이다. 수요 급증이나 공급망 차질이 발생하면 각 공장의 AI 에이전트들이 서로 협의해 '어느 공장이 어떤 공정을 얼마나 맡을지'를 실시간으로 나눠 결정할 수도 있다. 각 공장은 AI로 현장 최적화를 수행하고, 공장 간에는 연합학습을 통해 품질 · 공정 모델을 공유하며 계속해서 똑똑해질 것이다. 결과적으로 전 세계 생산 거점이 하나의 거대한 공장처럼 유기적으로 작동하며 비용 · 납기 · 품질 · 탄소 배출을 동시에 최적화하는 방향으로 진화하게 될 것이다.

달라지는 노동의 의미와 가치

노동의 의미도 크게 달라질 것이다. 단순 반복 작업은 AI와 로봇이 맡고, 사람은 더 창의적이고 전략적인 문제에 집중하게 된다. '공장 노동자'라는 개념은 점차 '공장 디자이너', '데이터 해석가' 같은 새로운 역할로 확장될 가능성이 크다. 지금까지는 '반복적인 일은 기계가 하고, 창의적인 일은 사람이 한다'는 단순한 구도로 설명되지만, AI 자율제조가 확산되면 노동의 풍경은 훨씬 더 다채로워질 것이다. 공장에서 AI를 학습시키는 AI 트레이너, 방대한 데이터를 분석해 의사결정에 반영하는 공장 데이터 매니저, 휴머노이드 로봇을 운영하는 로봇 오퍼레이터 같은 직무들이 새롭게 생겨날 것이다.

이는 단순히 직업명이 늘어난다는 의미가 아니라, 노동의 가치와 중심축이 이동한다는 뜻이기도 하다. 산업화 초기에는 힘과 속도를 앞세운 근육의 시대였다면, 이후에는 숙련된 기술이 중요한 숙련의 시대가 이어졌다. 그리고 앞으로는 데이터를 해석하고 문제 해결 방안을 설계하며 새로운 아이디어를 발굴하는 데이터 해석과 창의의 시대로 넘어가게 될 것이다. AI 자율제조는 바로 이 전환의 가속기가 되어 '일하는 방식'뿐 아니라 '일의 의미'까지 새롭게 정의하게 될 것이다.

결국 장기적으로 AI 자율제조는 공장을 단순한 생산 현장에서 벗어나 산업과 사회 전체를 움직이는 지능형 플랫폼으로 바꿔놓을 가능성이 크다. 예측과 대응을 넘어 언젠가는 스스로 학습하고 새로운 생산 방식을 만들어내는 수준까지 진화할지도 모른다. 그때의 공장은 단순히 제품을 찍어내는 곳이 아니라, 미래를 설계하는 두뇌이자 지속 가능한 세상을 이끄는 엔진으로 자리매김할 것이다.

4.

AI 의료

AI 의료(SaMD Software as a Medical Device)가 병원과 가정, 보험과 산업 현장 전반으로 빠르게 스며들고 있다. 수면 · 만성질환 모니터링, 영상진단 보조, 병원 워크플로 자동화, 보조공학(HCI Human_Computer Interaction) 등에서 실제 매출과 비용 절감 사례가 누적되면서 '아직은 파일럿'이라는 의심이 '어떤 항목부터 도입할 것인가'라는 의사결정의 문제로 바뀌고 있는 것이다. 글로벌 AI 헬스케어 시장은 2024년 551억 달러에서 2030년 3,465억 달러로 연평균 35.8%의 폭발적 성장이 예상된다. 주목할 점은 실제 매출을 기록하는 성공 제품들이 등장하며 시장의 실체가 명확해지고 있다는 것이다.

글로벌 AI 헬스케어 시장을 선도하는 제품들의 성과

전 세계 AI 헬스케어 시장에서 가장 우위를 선점하고 있는 나라는 미국이다. 미국 AI 헬스케어 시장은 2024년 167억 달러 규모로, 전 세계 시장의 49%를 차지하며 압도적 우위를 보여주고 있는 것이다. 심혈관과 뇌졸중 분야에서는 수십억 달러 규모의 매출을 올리는 성공 기업들이 등장하고 있을 정도다.

미국 소형 AI 의료 스타트업 '하트플로우'는 AI 헬스케어 시장을 선도하는 가장 대표적인 성공사례로 꼽힌다. 2025년 8월 나스닥에 상장하며 AI 심장 진단 분야의 상용화 성공 사례로 주목받고 있는 하트플로우의 2024년 매출은 1억 2,580만 달러로 전년 대비 44.3% 증가했으며, 2025년 1분기에도 3,720만 달러를 기록하며 전년 동기 대비 38.6% 성장을 기록했다.

하트플로우의 핵심 기술은 심장 관상동맥을 3D로 시뮬레이션해 비침습적으로 혈류역학을 분석하는 CT-FFR Computed Tomography-derived Fractional Flow Reserve 기술이다. 고비용과 위험을 수반하는 기존의 침습적 심장 카테터 검사를 대체할 수 있는 혁신적 솔루션으로, 현재까지 40만 명 이상의 글로벌 환자 진단에 활용되고 있다.

상장을 통해 3억 1,670만 달러를 조달한 하트플로우는 약 4억 2,000만 달러의 사용 가능 현금을 확보해 최소 6~8년간의 운영 자금을 마련했다. 이는 AI 의료 분야에서 장기적 성장 기반을 다진 대표적 사례로 평가된다.

뇌졸중 AI 시장에서는 비즈AI Viz AI와 래피드AI Rapid AI가 시장을 양분하며 수조 원 규모의 기업가치를 기록하고 있다. 비즈AI는 현재 뇌졸중 AI 시장에서 가장 높은 매출을 기록하는 기업이다. 이스라엘에 본사를 둔 이 회사는 미국 전역 1,500개 이상의 병원에 CT 기반 뇌출혈, 대혈관 폐색 솔루션을 공급하고 있다. 미국에서 비즈AI 솔루션은 1회 진료당 1,040달러(약 140만 원)의 보험 수가가 적용돼 2022년 매출 1,116억 원을 달성했으며, 현재 기업 가치는 수조 원 수준으로 평가된다.

래피드AI는 비즈AI와 유사한 CT 기반 뇌졸중 AI 솔루션을 공급하며, 2023년 약 600억 원의 매출을 기록했다. 뇌내출혈(ICH)을 자동으로 감지하고 분석하는 등 다양한 뇌 스캔을 AI로 분석해 의료진에게 데이터를 전달하는 비즈니스 모델로 현재 기업 가치가 수조 원을 상회하고 있다.

원격의료 분야에서는 텔라닥 헬스(Teladoc Health)가 2022년 연 매출 24억 달러를 기록하며 북미 원격의료 시장 점유율 1위를 달성했다. 아마존도 2023년 원격의료 및 약국 사업을 통해 약 100억 달러의 매출을 올리며 헬스케어 시장에서 큰 성과를 보이고 있다. 아시아 시장의 대표주자격인 중국과 일본은 차별화된 성장 경로를 보여준다.

먼저 중국은 2030년까지 매출이 498억 달러 규모에 이를 것으로 예측되는데 이는 연평균 성장률 34.1%에 달하는 액수다. 중국 AI 헬스케어 시장은 의료용 로봇과 디지털 헬스케어 플랫폼을 중심으로 빠르게 성장하고 있으며, 정부의 적극적인 정책 지원이 뒷받침되고 있다.

일본은 연평균 32.0%의 성장률을 보이며 웨어러블 기기와 AI 헬스케어 솔루션 도입이 활발하다. 특히 일본 시장에서의 보험 급여 적용은 안정적인 수익 모델 구축의 핵심 요소로 평가되는데, 2025년 상반기 국내 기업 제이엘케이가 일본에서 보험수가를 획득하면서 최대 매출을 기대하고 있다.

유럽 시장은 독일을 중심으로 규제 친화적 환경으로 변하는 추세다. 먼저 독일이 연평균 24.6%의 성장률을 보이며 AI 헬스케어 시장을 이끌고 있다. 디지털 헬스케어 앱에 대한 보험 급여를 세계 최초로 도입한 독일은 규제 혁신을 통해 시장 활성화를 도모하고 있다. 영국과 프랑스도 각각 차별화된 디지털 헬스케어 정책을 통해 시장 확대를 추진하고 있으며, 핀란드와 네덜란드는 공공 의료시스템과 AI 기술의 융합을 통한 혁신 모델을 제시하고 있다.

속속 등장하는 시장 별 성공 제품군, 국내 AI 의료 모델

국내 AI 의료 기업들은 최근 해외 매출 비중이 급격히 확대되며 글로벌 시장에서의 경쟁력을 입증하고 있다. 루닛은 2025년 상반기 매출 371억 원을 기록, 이중 해외 매출이 341억 원으로 매출의 92%를 차지했다. 특히 자회사 볼파라의 북미 의료기관 네트워크를 통해 연간 100만 건 이상의 유방촬영 분석이 이뤄지고 있어 미국 시장에서의 본격 매출 창출이 가시화되고 있다.

뷰노는 2025년 2분기 매출 64억 원으로 전년 동기 대비 두 배 이상 증가했다. 심정지 발생 위험 감시 AI 의료기기 '뷰노메드 딥카스'가 55억 원의 매출을 올리며 성장을 이끌었다. 현재 상급 종합병원 17곳을 포함, 총 95개 의료기관에 도입되어 누적 청구 병상수가 3만 9,000여 개에 달한다.

제이엘케이는 2028년까지 글로벌 시장에서 약 5,000억 원의 매출을 달성하겠다는 구체적 목표를 세웠다. 2025년 1월, 두개내출혈 검출 솔루션(JLK-ICH)의 미국 FDA 승인을 획득하며, 뇌졸중 분야에서만 4개 솔루션에 대한 FDA 인허가를 확보했다. CT, CTA, MRI, MRA의 모든 영상과 호환되는 세계 최다 11개의 뇌졸중 AI 솔루션을 보유하며 미국의 비즈AI, 래피드AI와는 차별화된 경쟁력을 갖추고 있다.

딥노이드는 2025년 상반기 매출액 46억 3,000만 원을 달성, 전년 동기 대비 9.5% 증가하며 영업 손실을 30.9% 줄이는 수익성 개선에 성공했다. 또한 베트남 의료 AI 플랫폼 구축을 위한 글로벌 파트너십을 체결하는 등 동남아 시장 진출을 가속화하고 있다.

영상진단 분야에서는 뉴로핏의 MRI/PET 정량화 소프트웨어가 FDA 510(k) 허가를 받으며 글로벌 판매 기반을 확보했다. 국내외 병원 100곳 이상에 도입되어 레카네맙 등 항아밀로이드 치료제 모니터링에 활용되고 있다.

수면 · 호흡 분야에서는 에이슬립이 스마트폰 마이크 신호로 수면무호흡을 선별하는 '앱노트랙'으로 진단 보조 의료기기 인허가를 획득하며 가정 기반 선별검사의 새로운 시장을 열었다.

병원 접근성 분야에서는 닷(Dot Inc.)의 촉각 디스플레이·배리어프리 키오스크가 병원 안내·교육 UX를 개선하는 사례로 주목받고 있다.

AI 의료 디지털헬스케어
(자료=지피티)

'파일럿에서 상용화로' 시장의 전환점

2025년 1분기 글로벌 디지털 헬스케어 투자 규모는 53억 달러를 기록하며 전 분기 대비 47% 급증했다. 특히 AI 기술을 활용한 스타트업들이 전체 투자금의 60%를 차지하며 혁신을 주도하고 있는 모양새다. 11건의 메가라운드 중 8건이 AI 기업에 집중된 것도 시장의 방향성을 보여주는 지표라 할 수 있다.

한국의 10배가 넘는 높은 수익성을 기대할 수 있는 미국 의료 AI 시장의 보험 수가는 국내 기업들의 적극적인 해외 진출을 뒷받침하고 있다. 한국 식품의약품안전처(MFDS)와 싱가포르 보건과학청(HSA)은 2024년 12월 머신러닝 기반 의료기기(MLMD Machine Learning-based Medical Devices) 임상시험 가이드라인을 공동 발표했다. 2025년 1월 국제 의료기기규제당국자포럼(IMDRF International Medical Device Regulators Forum)이 GMLP Good Machine Learning Practice 를 최종 확정하면서 국제 정합성의 기준선이 명확해졌다.

국내에서는 2025년 7월 기준 디지털의료기기 누적 허가 건수가 2017년 대비 388배 증가한 388건에 달했다. 임상

시험계획 승인도 225건을 기록하며 산업 생태계가 빠르게 성숙하고 있다.

AI 헬스케어 시장은 이제 기술 검증 단계를 넘어 매출과 수익성을 실현하는 상용화 단계에 본격 진입했다. 하트플로우 연 매출 1억 2,580만 달러 달성, 비즈AI 1,116억 원, 래피드AI 600억 원 등 구체적인 매출 수치가 이를 증명하고 있다.

국내 기업들도 이에 못지 않다. 루닛의 해외 매출 비중 92%, 뷰노의 전년 대비 두 배 성장, 제이엘케이의 5,000억 원 매출 목표 등 의미 있는 성과를 창출하기 시작한 것이다. 이는 '파일럿에서 상용화로'라는 시장의 전환점을 명확히 보여주며, 앞으로 어떤 분야에서 어떤 제품을 먼저 도입할 것인가라는 전략적 선택의 문제가 핵심 이슈로 떠오를 전망이다.

특히 미국의 1회 사용당 1,040달러라는 높은 보험 수가는 국내 기업들에게 글로벌 진출의 강력한 동기를 제공하고 있다. 더불어 실제 성공한 해외 기업들의 사례는 한국 AI 의료 기업들의 벤치마킹 대상이 되고 있다.

뉴로핏·닷·에이슬립, 비교로 읽는 경쟁력

국내 AI 헬스케어는 '한 줄 문제 정의'가 선명한 팀이 앞서간다. 다크호스로 떠오르는 뉴로핏, 닷, 에이슬립이 그들이다.

뉴로핏은 '뇌 MRI/PET의 표준화된 정량화', 에이슬립은 '웨어러블 없이 가능한 수면·호흡 선별', 닷은 '촉각 기반의 정보 접근성'을 공략한다. 공통점은 데이터·모델·규제·

배포를 동시에 달리며, '도입 장벽을 낮추는 설계'를 집요하게 챙겼다는 점이다.

한국 다크호스 AI 의료 기업 스펙 비교 (출처=각사, 지피티)

구분	뉴로핏	닷	에이슬립
핵심 기술	AI 뇌 영상 분석	HCI	수면 사운드 분석
주요 제품	AQUA,SCALE PET	닷 패드, 키오스크	API, 앱노트랙, 슬립허브
주요 성과	100+ 병원 도입	접근성 향상	94% 정확도
글로벌 확장	US 현지 법인	국제 조달	US 현지 법인
FDA/국제 인증	FDA 510(k)	보조 재활 기술	국내 승인
타깃	뇌/치매	병원	수면 장애

뉴로핏 : 뇌 영상 정량화로 글로벌 레퍼런스 확대

뉴로핏의 'AQUA'는 뇌 MRI 구조를 자동 분할 · 정량화해 연령별 백분위와 비교하도록 설계된 소프트웨어이다. AQUA의 FDA 510(k) 문서를 보면, 적응증 · 사용목적 · 참조 데이터에 기반해 기존 제품(NeuroQuant 등)과의 실질적 동등성을 확보했다. 같은 회사의 'SCALE PET'은 아밀로이드 · 대사 저하 등 알츠하이머 바이오마커의 정량화에 초점을 맞춘 제품으로 FDA 510(k) 허가를 받았다. 이는 영상의학과 · 신경과 임상에서 '판독 신뢰도와 추적의 일관성'이라는 패인 포인트를 정면으로 겨냥한 설계이다.

뉴로핏의 강점은 첫째, MRI · PET 양 진영을 아우르는 정량화 포트폴리오, 둘째, 영상정보관리시스템(PACS Picture Archiving Communication System) 연동을 전제한 배포 구조, 셋째, 글로벌 규제 신뢰도이다. 국내외 병원 100곳 이상에 도입되었으며, 레카네맙 등 항아밀로이드 치료제 모니터링에도 활용되고 있다.

2025년 7월 코스닥 상장 이후 해외 매출 비중을 높이기 위해 중역들이 캐나다 AAIC Alzheimer's Association International Conference에 총출동하는 등 적극적인 글로벌 마케팅을 펼치고 있다. 고령화 · 치매 코호트의 장기 추적 데이터와 임상 의사결정(치료 반응 · 예후)과의 연계가 다음 성장축이 될 전망이다.

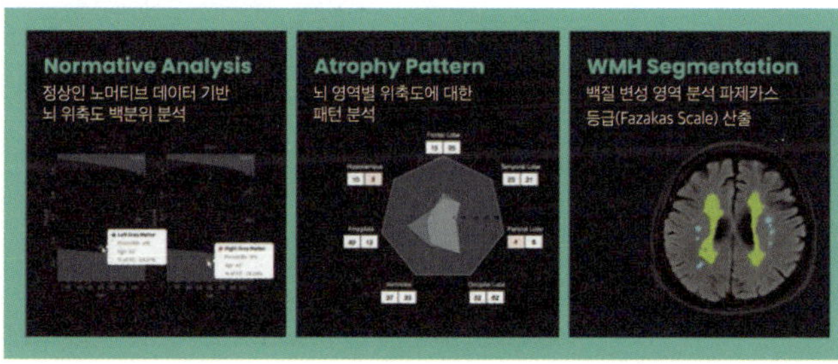

뉴로핏의 'AQUA'
(자료=뉴로핏)

닷(Dot Inc.) : 촉각 HCI로 병원 접근성의 공백을 메우다

닷은 시각장애인의 정보 접근성을 높이는 촉각 디스플레이 'Dot Pad'와 배리어프리 키오스크를 고도화해 왔다. 병원 환경에서는 길찾기 · 접수 · 교육 콘텐츠 접근성을 개선하는 HCI Human-Computer Interaction 레이어로 작동한다.

제품 콘셉트는 '그래픽을 촉각으로 번역'하는 파이프라인과 음성 · 점자 안내의 결합이다. 의료기기 직접 허가 트랙과는 다르지만, 환자 경험 · 병원 운영 · 공공 조달과 맞물리는 영역으로, 대형 병원 · 지자체의 배치가 늘어날수록 유의미한 사용자 데이터와 유지 보수 비즈니스가 따라붙는다.

닷의 차별점은 의료기기와 인프라 사이, 운영과 경험 사이에서 '접근성'이라는 필수 요건을 촉각 HCI로 재해석한다는 점이다. 공공 · 병원 · 교육을 잇는 조달 모델 확립이 속도를 좌우할 것으로 보인다. 과제는 설치 · 콘텐츠 표준화, 내구성 · 보수 비용, 정보보안·개인정보 대응이다.

닷 촉각 HCI
(자료=닷)

에이슬립 : '마이크'만으로 수면 · 호흡을 읽다

에이슬립은 스마트폰 · 스피커 등 일상 기기의 마이크로 수면 단계 · 호흡 안정성을 추정하는 오디오 AI를 설계했고, 수면무호흡 선별 앱 '앱노트랙'으로 국내 식약처 진단 보조 허가를 받았다.

가정 환경 소음에서의 성능을 다룬 자사 연구 · 학술 발표를 지속하며, 제품 라인은 B2C 앱과 B2B2C API/SDK를 병행한다. 핵심 서비스로는 수면 측정 · 분석 모듈을 제공하는 '에이슬립트랙 API', 수면무호흡증 진단 보조 앱으로 식약처 인허가를 획득한 '앱노트랙', 침실 환경 최적화 디바이스 '슬립허브'가 있다. 병원 관점에서의 효용은 수면다원검사(PSG Polysomnography)이전의 선별 · 추적, 외래 연계,

치료 순응도 등 모니터링의 비용 절감이다. 무엇보다 가장 큰 차별성은 '무착용'이라는 낮은 진입장벽이다. 일상 기기만으로도 측정이 가능해 사용자 확장이 빠르다. 하지만 환경 노이즈 · 마이크 편차 · 프라이버시 이슈에 대한 기술 · 운영 대책이 상용화의 관건이다.

2025년 9월 싱가포르에서 열린 세계수면학회(World Sleep 2025)에서 단일 기업으로는 최다인 8편의 연구 성과를 발표하며 학계와 산업계의 주목을 받았다. 'CES 2025 Consumer Electronic Show 2025 '에서 디지털 헬스 및 AI 부문 혁신상을 수상하는 등 글로벌 기술력도 인정받고 있다.

도입 장벽을 낮추기 위한 네 가지 전략

앞서 말한 뉴로핏·닷·에이슬립, 세 회사의 공통점은 '도입 장벽 낮추기'이다. 이들은 이를 위해 네 가지 전략을 내세운다.

첫째, 통합이다. PACS / EHR / 클라우드·온프레미스(On-premises) 혼용, SSO Single Sigh On · 권한 관리, 로그·감사 추적 등 IT 운영 표준을 전제로 한다.

둘째, 규제 문서화이다. 성능 검증·데이터셋·변경 관리 문서를 국제 기준(GMLP)으로 맞췄다.

셋째, 경제성 스토리이다. 판독 TAT · 재활영률 · 입원 일수·미스레이트·PSG 대체율 등 운영 지표 개선을 수가 논의로 이어갈 수 있게 설계한다.

넷째, 유통이다. 라이선스 / 구독 / 사용량 과금의 혼합과 파트너 생태계를 병행한다.

또한 세 기업 모두 대기업과의 협업을 통해 시장 확장을 도모하고 있다. 에이슬립은 삼성생명, SK텔레콤, 경동나비엔, 세라젬 등과 협업하여 수면 측정 솔루션을 공급하며 분당서울대병원 등 대형병원에서 처방이 시작되었다. 국내 주요 제약사들과의 판권 계약 논의도 진행 중이다.
에이슬립은 하드웨어 착용 부담을 없앴다는 명확한 이점으로 B2B2C 확장을 노리고 있다. 대규모 실사용증거(RWE Real-World Evidence), 급여 / 비급여 혼합모델 설계가 성장의 분기점이 될 것으로 보인다. 현재 삼성생명, SK텔레콤 등 주요 기업과 협업하며 수면 측정 솔루션을 공급하고 있어 시장 확산 속도가 빨라질 것으로 예상된다.
뉴로핏은 규제 신뢰도와 제품 범위(구조 MRI↔대사 PET)의 깊이가 강점이다. 대형 뇌질환 코호트와의 연계, 치료제 개발(R&D) 협업까지 외연 확장이 자연스럽다. 실제 도입에선 표준화된 프로토콜과 장비 간 편차, 다기관 실사용증거(RWE) 축적이 경제성 판단을 좌우할 것으로 보인다.
닷은 의료기기와 인프라 사이, 운영과 경험 사이에서 '접근성'이라는 필수 요건을 촉각 HCI로 재해석한다. 공공 · 병원 · 교육을 잇는 조달 모델 확립이 속도를 좌우할 것으로 보인다. 특히 병원 UX 개선과 접근성 향상이라는 사회적 가치와 비즈니스 모델의 결합이 앞으로 주목해야 할 부분이다.

글로벌 시장 선점을 위한 '보이지 않는 경쟁력'

다만 이들에겐 공통의 리스크도 존재한다. 데이터 일반화, 보안 · 개인정보, 법적 책임 소재가 그것이다. 머신러닝 기반 의료기기(MLMD) 임상 가이드라인과 국제의료기기규제당국자포럼(IMDRF)의 GMLP는 '데이터 편향을 어떻게 진단 · 완화했는가', '버전별 변경이 안전성 · 유효성에 미치는 영향이 무엇인가'를 문서화하라고 요구하고 있기 때문이다.

국내 기업에겐 글로벌 심사 트렌드에 맞춘 체계가 '보이지 않는 경쟁력'이다. 온디바이스 · 에지 처리 비중을 높이고, 서버 측에서는 최소 수집을 원칙으로 하는 프라이버시 보호 전략이 중요할 것으로 보인다.

국내 AI 의료업계 한 관계자는 "미국은 의료 AI 기업이 사업하기 수월한 제도와 인프라를 갖고 있어 다양한 의료기관과의 협업 및 기술 수출 등이 가능한 세계 최대 시장"이라며 "미국 주요 의료기관이 국내 기술을 채택하게 되면 유럽은 물론 남미, 중동 등지로 뻗어나갈 수 있다"고 강조했다.

이동헌
에이슬립 대표

"착용 없는 수면 데이터, 생활과 의료의 공통지표이자 표준입니다."

진단보조 인허가 이후, 에이슬립은 병원·보험·가전·모바일을 잇는 생태계 확장을 서두르고 있다. 기술·규제·사업화의 교차점에서 무엇을 증명했고, 무엇을 더 증명하려 하는지, 지난해 경영난을 딛고 글로벌 시장 진출에 나서고 있는 이동헌 에이슬립 대표를 만나 이야기를 들어봤다.

Q.
에이슬립 창업의 배경은?

A.
아버지의 수면 중 심장마비 사망이 수면 사업의 출발점이었다. 수면무호흡증으로 인한 심혈관계 합병증이었는데, 만약 미리 발견했다면 막을 수 있었을 것이라는 아쉬움이 컸다. 2020년 에이슬립을 설립하면서 누구나 쉽게 수면 상태를 확인하고 위험을 조기에 발견할 수 있는 기술을 만들겠다고 다짐했다.

Q.
스마트폰 마이크만으로 수면·호흡 상태를 읽는 핵심은 무엇인가?

A.
사람의 숨소리 · 환경음을 신호처리로 전처리한 뒤, 딥러닝 모델로 수면 단계 · 호흡 안정성을 추정한다. 핵심은 소음 · 마이크 편차 · 거리 변화에 견디는 일반화이다. 전 세계 최대 규모의 원격 수면다원검사는 사운드 데이터를 기반으로 개발된 인공지능(AI) 알고리즘 덕분에 수면다원검사 대비 94%의 정확도를 달성했다. 또한 기존 웨어러블 기반 기술과의 가장 큰 차이점은 착용하지 않고도 스마트폰만으로 사용자의 호흡 소리를 감지해 정확하게 수면 단계를 분석하고 수면 장애를 진단한다는 점이다. 호흡음을 통해 자율신경계와 운동신경계의 활성화 정도를 확인할 수 있기 때문에 가능한 기술이다.

Q.

2024년 경영 위기를 어떻게 극복했나.

A.

수면 측정 기술의 정확도를 높이는 데 집중하다 실생활에 필요한 솔루션을 만들어내지 못한 점이 패착이었다. 아무리 좋은 기술이라도 실용성이 없으면 의미 없다는 것을 깨달았다.

기술 정확도 중심에서 실용성 중심으로 사업 방향을 전환하는 과정에서 조직과 투자사 간 갈등이 있었지만, 성공적으로 체질을 개선한 결과 지난해 하반기부터 SK텔레콤, 삼성생명 등 주요 기업과 협업을 시작하며 반등에 성공했다.

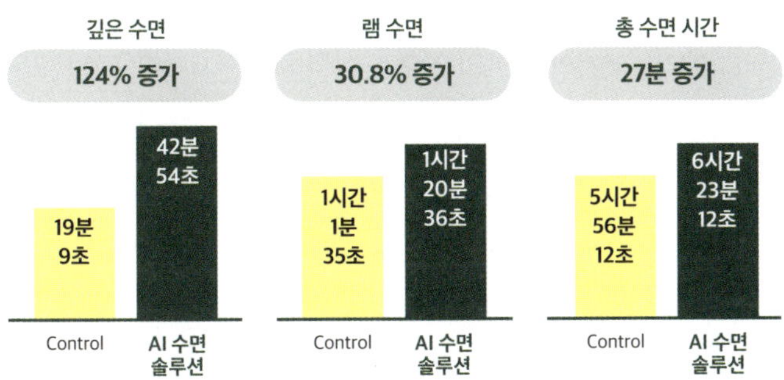

'경동나비엔 숙면 매트'에 적용된 AI 수면 측정 솔루션

AI가 사용자의 숨소리를 모니터링해 수면 단계를 분석하고 이에 따라 매트의 온도를 자동으로 조절, 깊은 잠을 유도한다.

Q.

국내 인허가가 의미하는 바와 후속 과제는 무엇인가?

A.

'가정 기반 선별'이라는 새로운 접근성을 제도권 내에서 인정받았다는 점이 의미가 크다. 후속 과제는 다기관 실사용데이터(RWE) 축적과 적응증 확장 그리고 병원 워크플로 · 보험과의 연결이다. 환자 · 의료진 모두에게 절차를 단순화하고 비용을 낮추는 방향으로 설계를 고도화하고 있다. PSG 이전의 선별이 빨라지고, 외래에서 1차 선별 후, PSG 예약 · 추적 · 치료 순응도 관리까지 연결되면 판정 대기시간과 병상 회전이 개선될 것이다.

Q.

프라이버시와 보안에 대한 우려도 크다.

A.

온디바이스 · 에지 처리 비중을 높이고, 서버 측에서는 최소 수집을 원칙으로 한다. 모델 업데이트는 변경 관리 체계를 통해 단계적으로 배포하고 국제적 원칙과 국내외 심사 관점을 충족하도록 문서화 · 검증을 병행하고 있다. 데이터는 병원 보안정책에 맞춰 익명화 · 권한 제어 · 감사 추적으로 관리하며, 사용자 개인정보 보호를 위한 다층 보안 체계를 구축했다.

Q.

'슬립테크 분야 엔비디아'라는 비전의 구체적인 의미는?

A.

'Asleep is everywhere'를 모토로 AI 시대 엔비디아처럼 슬립테크의 인프라 역할을 하면서 수면 관련 모든 제품에 탑재하겠다는 목표다. 수면의 질을 관리하는 슬립테크 분야에서 없어서는 안될 반도체 역할을 하는 비전을 갖고 있다. 현재 SKT 에이닷, 삼성생명 더헬스, KB 헬스케어 등의 앱에 도입되어 있으며, 여러 스마트 가전 앱에도 도입을 진행 중이다. 에어컨, 온도 조절 매트리스, 가습기, 조명 등 수면의 질에 영향을 미치는 다양한 스마트홈 가전 제품에 수면 개선 기능을 통합하고 있다.

Q.

2025년 미국 시장 진출 계획은 어떻게 진행됐나?

A.

지난 1월 미국 현지법인 설립을 완료했다. 2025년 하반기 미국 식품의약국(FDA) 사전 승인을 받고 2026년 연말까지 FDA 승인, 이후 2027년부터는 매출 비중을 전체 50% 이상으로 끌어올릴 계획이다.

미국 · 유럽 · 아시아 순으로 파트너십과 규제 전략을 병행하고 국가별 개인정보 · 의료기기 규정을 충족하면서, 현지 임상 · 데이터 파트너와의 공동 연구를 통해 신뢰를 쌓겠다. 미국과 일본 등 선진국은 수면과 건강에 대한 지출이 가장 높은 시장이므로 여기에 집중하고 있다.

Q.

손익분기점 달성 전망은 어떤가?

A.

2025년 2분기 처음으로 분기 손익분기점(BEP)을 돌파하고 연간 흑자 전환을 목표로 하고 있다. 현재 삼성생명, SK텔레콤, 경동나비엔, 세라젬 등에 수면 측정 솔루션을 공급하고 있으며, 분당서울대병원 등 대형 병원에서도 처방이 시작됐다. 2026년 상반기 내 국내 빅5 병원 중 3곳 이상에서 추가 처방이 이뤄질 것으로 예상하며, 제약사 판권 계약을 통해 전국 3만 5,000여 곳의 개원의 시장에도 진출할 계획이다.

Q.

경쟁과 차별성에 대해 평가한다면?

A.

가장 큰 차별성은 '무착용'이라는 낮은 진입장벽이다. 일상 기기만으로도 측정이 가능해 사용자 확장이 빠르다는 것도 장점이다. 반대로 환경 변화에 민감할 수 있다는 약점은 데이터의 다양성과 강건학습으로 보완하고 있다. 단기로는 비급여 · B2B2C 중심의 확장을, 중장기로는 RWE와 운영지표를 근거로 급여 논의를 준비할 생각이다. API/SDK를 통해 보험 · 모바일 · 가전과의 접점을 넓히고, 사용자 가치가 높은 지표(무호흡 위험 · 수면 질 개선)를 중심으로 과금 구조를 설계하고 있다.

PART 02

기술 시대의 토대

5. HBM4

6. 유리기판

7. 냉난방공조(HVAC)

8. 친환경 에너지

9. 클라우드

10. 양자

5.

HBM4

최근 몇 년간 인공지능(AI) 시장은
AI 에이전트, 피지컬 AI 등 그 영역을 넓히면서
AI 연산량도 기하급수적으로 증가하고 있다.
이에 AI 반도체에서 데이터를 빠르게 처리할 수 있는
고대역폭메모리(HBM High Bandwidth Memory)의 중요성도
날이 갈수록 커지고 있다. HBM3, HBM3E에 이어
차세대 HBM인 'HBM4' 전쟁이
본격화되고 있는 이유이다.
과연 차세대 HBM 시장에서
어떤 경쟁 구도가 형성되고 있으며
주도권을 쥐기 위한 열쇠는 무엇일까?

AI 시대, 강력한 메모리 'HBM'

2022년 말 오픈AI가 생성형 AI 서비스 챗GPT를 내놓은 뒤 반도체 시장이 급변하기 시작했다. 그전까지는 아무도 AI 반도체의 중요성에 대해 인지하지 못했지만 챗GPT의 등장으로 생성형 AI가 급부상하면서 그래픽처리장치(GPU) 등 AI 가속기에 들어갈 고용량 메모리가 필수가 되었다. GPU가 연산을 처리하는 인간의 뇌 역할을 할때, 그 옆에서 이 같은 데이터를 모아놓는 저장소 역할을 하는 성능 높은 메모리 반도체가 필요하게 된 것이다.

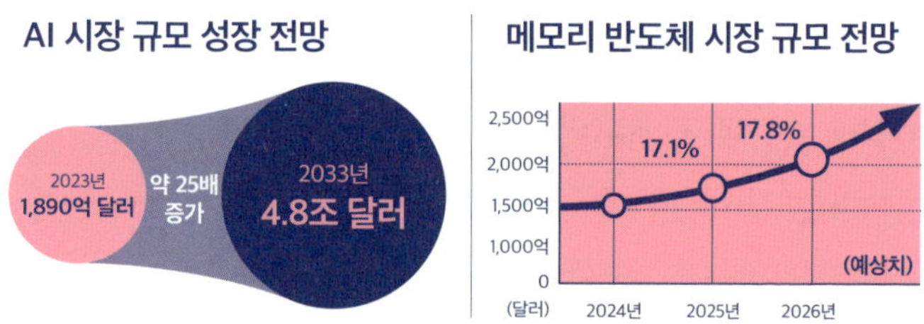

AI 시장 및 메모리 반도체 (출처=UNCTAD)

HBM 시장이 커질 수밖에 없는 이유는 무엇이었을까. AI 기술의 발전으로 생성형 AI, 인간형 로봇(휴머노이드)이 인간과 상호 작용을 하기 위해 필요한 피지컬 AI, 복잡한 업무를 자율적으로 처리하는 에이전틱 AI 등 AI 개발이 가속화하고 있다. 이에 따라 데이터센터와 GPU 등 AI 인프라에 대한 투자도 늘어나고 있다. 유엔무역개발회의(UNCTAD)는 글로벌 AI 시장이 2023년 1,890억 달러에서 2033년 4조 8,000억 달러로 10년간 약 25배 성장할 것으로 전망했다.

이 같은 흐름 속에 AI 가속기에 대한 수요가 증가하고 강력한 프로세서를 뒷받침하는 메모리의 중요성 또한 커지고 있다. 데이터 처리량이 기하급수적으로 늘어나 기존 D램 메모리로는 처리량을 감당할 수 없게 되면서 '데이터 병목 현상'이 일어나게 된 것이다. 이 같은 상황에서 해결사로 등장한 것이 바로 HBM이다. HBM은 메모리 반도체인 D램을 아파트처럼 수직으로 여러 층 쌓아 실리콘관통전극(TSV Through Silicon Via)을 통해 데이터를 전달하는 기술로 메모리와 프로세서 간 데이터 전송 속도와 처리량을 대폭 늘린 것이 특징이다.

GDDR 메모리와 HBM 구조도. (사진=삼성전자 반도체 뉴스룸)

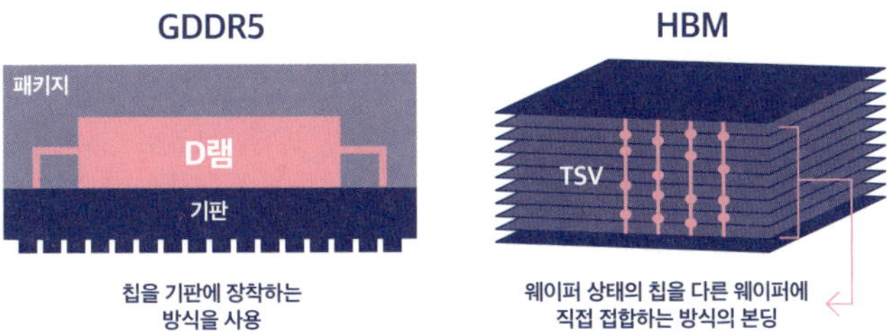

HBM을 아파트로 비유하면 TSV는 층층이 쌓인 칩들이 원활하게 작동할 수 있도록 하는 역할을 한다. 칩 내부에 미세한 구멍을 뚫어 위아래 칩을 연결해 각 층에 저장된 데이터를 빠르게 이동시킬 수 있는 일종의 '엘리베이터'인 셈이다. 정보 이동 통로이기도 한 TSV 개수는 최소 1,024개이다. HBM보다 먼저 쓰였던 D램 메모리(GDDR)의 출입 통로(I/O) 개수가 32개에 불과했던 것과 비교해 보면 확연한 차이를 알 수 있다.

AI 시장 개화에 맞춰 글로벌 메모리 반도체 업계의 HBM

경쟁도 본격화했다. 국내 기업 중 가장 먼저 시장을 선점한 SK하이닉스는 2013년 미국 AMD와 함께 세계 최초 HBM을 개발, 양산한 데 이어 1세대 HBM부터 2세대 HBM2, 3세대 HBM2E, 4세대 HBM3 등 계속해서 제품을 내놓았다.

2021년 말 HBM3를 세계 최초로 개발한 SK하이닉스는 2022년부터 글로벌 빅테크 기업 엔비디아에 공급을 시작했다. HBM3는 HBM 4세대 제품으로, 초당 최대 819기가바이트(GB)의 데이터 처리 속도를 구현해 AI 시장 판도를 바꾼 엔비디아의 AI GPU인 H100에 독점 공급했다.

비교적 뒤늦게 시장에 뛰어든 삼성전자는 1세대 HBM을 건너뛰었다. 2015년 10월 HBM2를 개발해 같은 해 12월 세계 최초로 양산을 개시한 삼성전자는 이후 2018년에 2세대 8GB HBM2 D램 '아쿠아볼트' 양산에 성공했다. 2020년 2월에는 3세대 HBM2E인 '플래시볼트'를 선보였다. 그리고 2023년 7월, 4세대 HBM3 '아이스볼트' 양산을 시작했다.

삼성전자가 2018년 양산한 2세대 8GB HBM2 D램 '아쿠아볼트'.
(사진=삼성전자)

차세대 HBM 시장에서도 SK하이닉스가 앞선 모습이다. SK하이닉스는 5세대 HBM3E D램 8단 제품을 세계 최초로 양산해 2024년 3월부터 제품 공급을 시작했다. 이어 같은 해 9월부터는 층수를 더 높인 HBM3E 12단 제품 양산을 시작했다. 삼성전자의 경우 HBM3E 제품의 발열 문제를 해결하지 못해 AI 반도체 시장의 90%를 차지하고 있는 엔비디아 납품에 어려움을 겪어 왔다. 이 같은 격차를 좁히기 위해 삼성전자는 10나노 4세대 공정인 '1a D램'을 전면 재설계하며 승부수를 두기도 했다.

차세대 HBM4, SK·삼성·마이크론 '3강 구도'

SK하이닉스와 삼성전자가 HBM 시장에서 치열하게 싸우던 와중, 예상치 못했던 지각변동이 시작됐다. 메모리 반도체 시장에서 만년 3위를 기록하던 미국 마이크론이 존재감을 키우기 시작한 것이다. 마이크론은 4세대 HBM을 건너뛰고 지난해 5세대 HBM3E 8단 양산을 시작하며 엔비디아 공급망에 진입했다.

삼성전자, SK하이닉스, 마이크론의 'HBM 3파전' 경쟁은 2026년 양산을 앞둔 6세대 HBM4부터 더 치열해질 것으로 보인다. 지금까지 가장 먼저 시장에 진입해 선두를 달리던 SK하이닉스가 '절대적 1인자' 지위를 유지해 왔다면, 앞으로는 빠른 속도로 기술력을 높이며 HBM4 시장의 본격적인 주도권 경쟁에 뛰어든 글로벌 메모리 반도체 기업과의 혈투가 예상된다. 글로벌 시장조사기관 카운터포인트리서치에 따르면, 2025년 2분기 HBM 출하량 점유율 기준 SK하이닉스가 62%로 1위, 마이크론이 21%로 2위, 삼성전자가 17%로 3위를 기록했다.

HBM 출하량 기준
시장 점유율
2025년 2분기
(자료=카운터포인트 리서치)

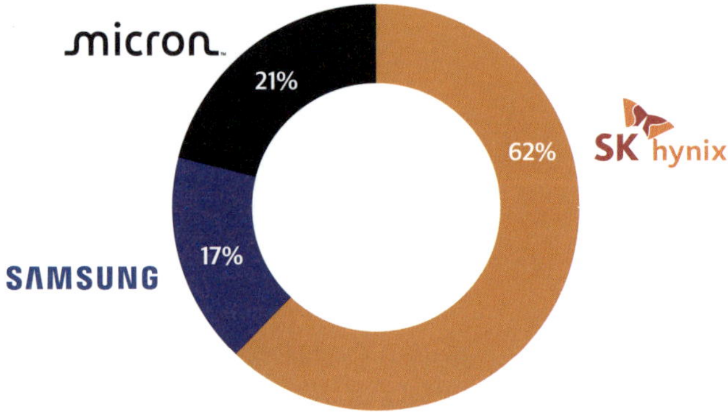

엔비디아는 2026년 차세대 AI 가속기 '루빈'의 출시를 예정하고 있다. 루빈은 엔비디아의 '호퍼'와 '블랙웰'을 잇는 차세대 GPU이다. 루빈에는 기존 칩에 장착됐던 중앙처리장치(CPU)인 '그레이스' 대신 '베라' CPU를 접목할 예정이라고 한다. 루빈은 최대 50페타플롭의 연산 처리가 가능해질 전망인데, 이는 초당 10억의 백만 배 속도이다. 이것은 현재 판매 중인 블랙웰(20페타플롭)의 2.5배에 달하는 수준이다.

이 같은 성능을 내기 위해 엔비디아는 루빈에 처음으로 HBM4 12단 제품을 탑재할 계획이다. 이에 따라 SK하이닉스와 삼성전자, 마이크론이 루빈에 HBM4를 공급하기 위해 속도를 내고 있다. SK하이닉스가 가장 먼저 HBM4 샘플을 공급한 데 이어, 마이크론과 삼성전자도 차례로 샘플을 공급하고 인증 절차를 진행 중이다.

얼마 전까지만 해도 각 사의 HBM 제품의 개발 속도와 공급 시기가 달랐기 때문에 후발주자들이 유의미한 점유율을 차지하는 것은 사실상 어려웠다. 그런데 이 격차가

HBM4에 오면서 좁혀지기 시작했다. 현재는 3개 업체 모두 시장을 선점하겠다는 목표를 가지고 있다. SK하이닉스가 가장 먼저 HBM4 12단 양산 준비를 마쳤다고 밝힌 가운데, 삼성전자와 마이크론도 채비에 한창이다.

마이크론 HBM4.
(사진=마이크론)

그렇다면 HBM4에서는 어떤 것이 더 중요해질까. 엔비디아는 HBM4를 만드는 글로벌 반도체 기업들에게 국제반도체표준협의기구(JEDEC)가 정한 표준 데이터 처리 속도인 초당 8Gbps Gigabits per second 이상인 10Gbps 이상을 달성해달라 요구했다. 이에 3사는 이 같은 동작 속도를 구현하는 데 심혈을 기울이고 있다. 업계에 따르면 삼성전자와 SK하이닉스, 마이크론 모두 10Gbps를 훌쩍 넘는 11Gbps의 동작 속도를 갖춘 것으로 알려졌다. 모두 엔비디아의 요구를 충족한 것이다.

공정 기술을 살펴보면, SK하이닉스는 기존 5세대 HBM3E에서 적용한 공정을 이어간다. 10나노급 5세대(1b) D램 기술을 기반으로 한 어드밴스드 '대량 칩 접합 몰딩 방식(MR-MUF Mass Reflow-Molded Underfill)' 패키징 기술을 적용한다. MR-MUF는 반도체 칩을 위로 쌓아 올릴 때 칩과 칩 사이 공간에 액체 형태의 보호재를 넣어 굳히는 공정이다. SK하이닉스는 이전 제품에서 이미 기술력이 검증된 공정을 사용해 양산 과정에서 리스크를 최소화한다는 전략이다.

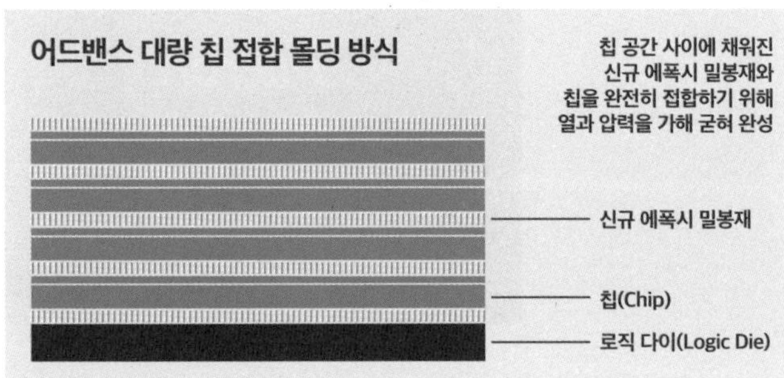

SK하이닉스의 어드밴스드 '대량 칩 접합 몰딩 방식'(MR-MUF) 패키징 기술. (사진=SK하이닉스 뉴스룸)

삼성전자는 10나노급 6세대(1c) D램 기술에 집중하고 있다. 업계에서 처음으로 기술 난도가 더 높은 1c 공정을 채택하면서 차별화를 시도하려는 의도로 보인다. 삼성전자의 패키징 공정은 SK하이닉스와 다른 '열압착 비전도성 접착필름' 방식이다. 칩을 하나씩 쌓을 때마다 필름형 소재를 까는 이 방식은 열과 압력을 통해 칩과 기판을 직접 붙이는 만큼 MR-MUF보다 접합 강도가 높고 외부 충격에도 강하다는 특징이 있다. 마이크론 역시 TC-NCF 패키징 기술을 채택하고 있다.

HBM 가장 아랫단에 있는 '베이스 다이(Base Die)' 전략에도 차이가 있다. 베이스 다이는 GPU와 직접 연결되는

받침대 역할을 한다. 특히 기존 5세대 HBM까지는 베이스 다이가 GPU와 메모리를 연결하는 단순 통로 역할을 했다면, HBM4부터는 두뇌 역할까지 맡게 되어 그 중요성이 더 커질 것으로 보인다. 더불어 베이스 다이에 대한 미세 공정이 필요해질 전망이다.

이에 SK하이닉스와 삼성전자는 파운드리(Foundry) 업체와 협력해 첨단 공정을 적용하기로 했다. SK하이닉스는 대만 반도체 위탁 생산(Foundry) 기업 TSMC의 12나노 공정을 채택했고 삼성전자는 자사 파운드리 사업부의 4나노 공정을 적용할 예정이다. 이를 통해 성능과 전력 효율을 개선한다는 계획이다. 반면 마이크론은 자체 기술력으로 베이스 다이를 제조해 적용할 예정이다.

높이 쌓기 경쟁에 본딩 기술 주목

고대역폭메모리(HBM) 시장을 둘러싼 전쟁은 점점 '누가 더 많이 쌓느냐'의 경쟁으로 흘러가고 있다. 지금까지 D램 칩을 8층까지 쌓아 올린 제품이 주를 이뤘다면, 이제는 메모리 반도체 기업들이 더 많은 데이터를 처리하기 위해 12층, 16층까지 칩을 쌓아 올려 '높이'로 승부를 두기 시작한 것이다.

SK하이닉스 HBM4.
(사진=SK하이닉스)

이렇게 HBM 시장에서 고적층 경쟁이 본격화하면서 단순 메모리 기술력뿐 아니라 메모리를 높게 쌓을 수 있는 패키징 기술이 더 중요해졌다. 고층 아파트를 짓는 데도 한계가 있듯, HBM도 무작정 100단까지 쌓을 수 있는 게 아니기 때문이다. 칩을 수직으로 많이 쌓아 올리면 휨 현상이 있을 수 있고, 각 칩에서 발생한 열이 칩에 갇혀 방출이 어려워지는 발열 문제도 생길 수 있다.

때문에 제한된 높이에서 최대한 많은 칩을 쌓아야 하는 것도 과제이다. 현재 업계에서 정한 AI 패키징 두께 기준은 775마이크로미터(㎛)로 제한돼 있다. HBM은 D램 칩을 더 많이 쌓을수록 용량과 속도가 향상되는데, 최고 높이는 정해져 있으니 그 안에서 칩의 두께를 최대한 얇게 하는 기술이 필요해진 것이다.

이때 등장하는 것이 바로 '본딩 기술'이다. 현재 삼성전자와 SK하이닉스 등 국내 메모리 반도체 기업들은 칩을 쌓을 때 납과 같이 전기가 통하는 돌기(범프)에 열과 압력을 가해 D램과 D램을 붙이고 있다. 이 같은 기술을 열압착(TC Thermo Compressing) 본딩이라고 부른다. 하지만 TC 본딩은 칩과 칩을 붙일 때 가교 역할을 하는 범프가 필요하다는 한계가 있다. 이에 반도체 업계에서는 칩과 칩 사이 간격을 최소화하는 기술을 찾겠다고 나섰다.

이때 떠오른 것이 다름아닌 '하이브리드 본딩' 기술이다. 하이브리드 본딩은 D램을 하나로 엮는 과정에서 TC 본딩과 다르게 칩과 칩, 또는 칩과 웨이퍼의 구리 배선을 연결하는 기술이다. 단계별로 보면 웨이퍼에 유전체인 산화막과 금속 물질 구리를 채워 넣고, 연마 작업을 통해 구리와 유전체를 평탄하게 만든다. 그리고 플라스마 조사 공정을 거쳐 각 칩의 유전체 표면이 화학적으로 접합할 수 있도록 활성화시킨다. 이후 유전체는 유전체끼리, 구리는 구리끼리 붙이는 1차 접합 과정을 진행한다. 이러한 가접합 과정 이후에 150도 정도의 열을 가해 절연체가 더 단단하게 연결되도록 한다. 특히 구리 부분에는 150~350도 사이의 높은 열을 가해 구리가 팽창하도록 한다. 이렇게 되면 위와 아래 칩의 구리가 팽창하면서 사이에 있는 홈을 채우고 붙게 된다.

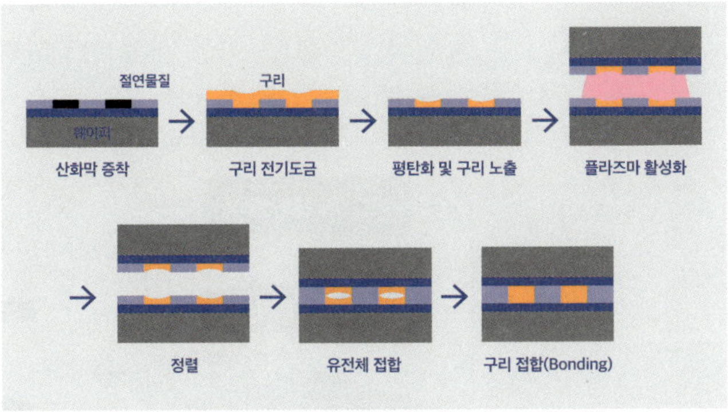

하이브리드 본딩 공정 순서 (사진=SK하이닉스)

전기가 잘 통하는 구리와 전기가 통하지 않는 절연체라는 서로 다른 특성이 있는 두 물질을 한 웨이퍼 안에서 붙인다는 점 때문에 이러한 기술을 '하이브리드'라고 부른다. 이러한 하이브리드 본딩 기술은 현재는 연구개발(R&D) 단계에 있다. 비용이 비싼 데다, 반도체 업계의 기술 개발로 16단 HBM 등 현재 개발되고 있는 제품에는 기존의 TC 본딩 기술로도 충분히 업계의 두께 기준을 충족시킬 수 있기 때문이다. 업계에서는 하이브리드 본딩 기술이 본격적으로 적용되기까지 약 1~2년의 시간이 걸릴 것으로 보고 있다.

그럼에도 HBM 고적층 경쟁을 피할 수 없는 만큼, 20단 이상 제품으로 갈수록 하이브리드 본딩 기술을 어떻게 적용하는지가 핵심이 될 것으로 보인다. 이에 업계에서도 빠르게 기술 확보에 나서고 있다. 삼성전자는 이르면 내년 HBM4E 16단 제품부터 하이브리드 본딩을 적용할 것으로 전망된다. 비교적 늦게 HBM 시장에 진입한 만큼, 새로운 기술을 적극적으로 활용하려는 기류가 감지된다. SK하이닉스는 20단 이상 제품부터 하이브리드 본딩을 도입할 것으로 보인다.

하이브리드 본딩 설명 (그래픽=이데일리 김정훈 기자)

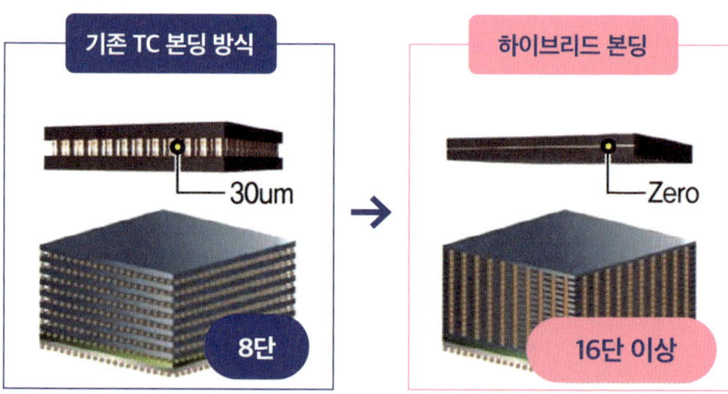

하이브리드 본딩: 칩과 칩 사이 단자 역할을 하는 '범프' 없이 D램을 바로 접착하는 방식. 고대역폭메모리(HBM) 높이를 낮추는 데 용이

반도체 후공정 기술에서는 한미반도체가 TC 본더 시장을 독점해 왔다. 그런데 하이브리드 본딩 기술 등 차세대 기술에 대한 중요성이 커지면서 많은 반도체 장비 기업들이

뛰어들기 시작했다. 최근에는 한화세미텍이 하이브리드 본딩 기술 개발에 나서며 반도체 장비 시장 주도권 확보에 팔을 걷고 나섰다. 한화세미텍은 사실상 한미반도체가 독점하고 있던 SK하이닉스의 TC 본더 공급망에도 진입하며 공격적으로 시장 점유율을 확보하고 있다.

한미반도체 HBM4용
TC 본더4
(사진=한미반도체)

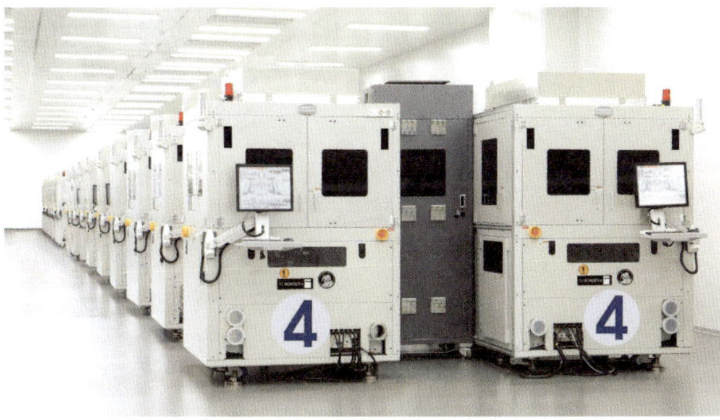

또한 2026년 초 하이브리드 본더 출시를 예고하며 가장 빠른 양산 목표 시점을 잡고 있는 것도 다름아닌 한화세미텍이다. 내년 1분기 고객사 평가를 받겠다는 계획이다. 반면 한미반도체는 아직 자사 TC 본더를 통해 HBM 수요에 대응할 수 있다며 오는 2027년 말로 하이브리드 본더 양산을 계획하고 있다. 기존 TC 본딩 기술 강자인 만큼, 빠른 속도로 하이브리드 본딩으로 전환할 필요가 없다는 생각이다. 반면 새롭게 뛰어드는 기업도 있다. LG전자 생산기술원은 최근 하이브리드 본더 개발 계획을 공식화했다. 아직 선행 연구 단계지만, 기존 반도체 장비를 고객사에 공급한 경험이 있는 만큼 차세대 기술 연구를 통해 하이브리드 본딩

기술력을 확보한다는 계획으로 인하대 등 학계와 협력하며 R&D에 속도를 내고 있다. LG전자는 2028년까지 하이브리드 본더를 양산한다는 목표를 가지고 있다.

한화세미텍 TC 본더 'SFM5-Expert'
(사진=한화세미텍)

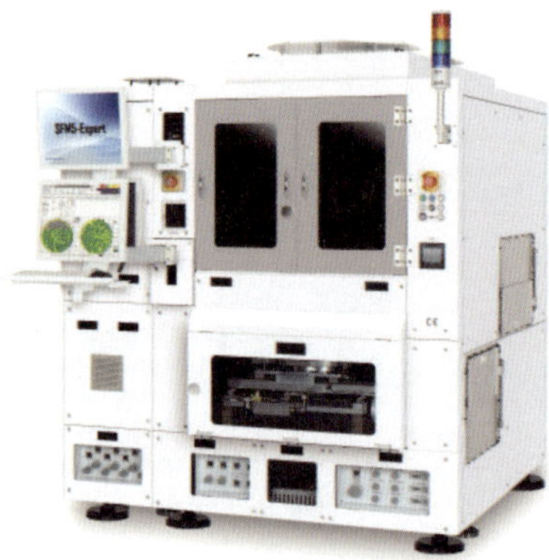

업계에서는 하이브리드 본딩 기술력 확보를 위해 장비 투자, 핵심 기술 확보에 속도를 내고 있다. 하이브리드 본딩은 칩과 칩을 바로 붙이는 만큼 표면 접합면의 미세 요철을 없애고 평탄도와 청정도를 높이는 화학적기계연마(CMP)와 같은 기술 확보가 무엇보다 중요하다. 이에 장비 기업들은 CMP, 플라스마 등 핵심 기술을 가진 협력사들과 손을 잡고 있다. 한미반도체는 최근 관련 기술 경쟁력을 높이기 위해 반도체 장비 기업 테스와 하이브리드 본더 기술 협약을 체결하기도 했다.
특허 기술 확보를 위한 노력도 한창이다. 한화세미텍은 하이브리드 본딩 공정에서 칩을 붙일 때 진행하는 열처리 작업인 어닐링(Annealing) 작업을 두 번에 걸쳐 진행하는

것을 골자로 한 하이브리드 본더 관련 특허를 출원하기도 했다. 본격적인 어닐링 작업 전 '프리어닐링'을 통해 5~10분간 100~150도 온도에서 사전 열처리 작업을 함으로써 결함을 줄이고 접합 정밀성을 높이겠다는 것이다.

이규복
한국전자기술연구원 석좌연구위원

AI 수요 지속, 반도체 시장 '초봄' 맞을 것

2025년 초까지만 해도 업계에서는 반도체 산업의 장기 침체를 우려했다. 모건 스탠리는 2024년 9월 발간한 보고서 <겨울이 다가온다>를 통해 메모리 반도체 겨울론에 불을 지폈다. 고대역폭메모리(HBM) 공급 과잉과 D램 가격 하락, AI 수요의 한계를 지적하는 'AI 거품론'이 재차 제기되기도 했다. 하지만 최근 들어 업황 개선에 대한 기대가 점점 커지고 있다. 과연 그 배경은 무엇일까?

메모리 반도체 실적 풍향계로 불리는 미국 마이크론이 시장 전망치를 웃도는 실적을 발표하면서 국내 반도체 업계 실적에 대한 기대감도 높아지고 있다. 모건 스탠리 역시 2025년 반도체 시장이 '따뜻한 겨울'을 맞이할 것이라며 180도 태도를 바꿨다.

이규복 한국전자기술연구원 석좌연구위원은 지속적인 AI 수요로 내년 반도체 시장이 개선될 것으로 전망했다. 지금까지 글로벌 빅테크 기업의 대용량 AI 데이터센터 투자가 HBM 수요를 이끌었다면, 새로운 시장에서 메모리 반도체에 대한 수요가 늘어날 것이라는 분석이다. 이 석좌연구위원은 "최근 D램 시장에 품귀 현상이 일어나면서 HBM 시장도 성장할 것으로 보인다"며 "중소형 데이터센터나 스마트폰, 자동차, 로봇 등에 들어가는 온디바이스(엣지용) AI 시장도 더 커질 것"이라고 했다.

또한 아마존, 구글, 마이크로소프트(MS) 등 많은 기업이 데이터센터에 투자하고 있지만 이 같은 흐름이 계속 가지는 못할 것으로 분석하며 "법조계 · 의료계 · 물류 등 대규모 데이터센터가 필요하지 않은 분야에서는 단가가 비싼 HBM까지는 필요하지 않을 것"이라 말했다. 더불어 "이런 수요에 대응하기 위한 새로운 DDR 계열 메모리가 시장에 나올 수 있다"고 내다봤다.

이 석좌연구위원은 "현재 온디바이스 AI는 스마트폰용으로 많이 적용돼 있지만, 자동차나 로봇 등 피지컬 AI가 필요한 부분에도 적용될 것"이라며 이를 위해 새로운 메모리가 개발될 것으로 봤다. 차세대 메모리로 주목받는 '프로세스 인 메모리(PIM)' 기술이 그것이다. 기존 메모리가 데이터 저장 장치 역할만 했다면, PIM은 메모리가 직접 연산을 수행하도록 하는 기술이다. 이 석좌연구위원은 "반도체 내부에 메모리와 프로세스가 같이 들어가면서 속도는 빨라지고 전력 소모는 줄어들 수 있다"며 "PIM 반도체가 향후 다양한 산업군에서 사용될 것"이라고 했다.

반도체 시장 선도 위해 체계적인 인재 확보 필요

삼성전자, SK하이닉스 등 국내 반도체 업계가 차세대 반도체 시장을 선도해 나가기 위해서는 체계적인 인재 확보에 나설 필요가 있다는 지적이 나오고 있다. 이 석좌연구위원은 "현재 삼성전자나 SK하이닉스는 반도체 계약학과를 만들어 인재를 수급받고 있는데, 대부분 고급 인력 중심이다. 반도체 산업에는 전공정, 후공정, 소재 · 부품 · 장비 등 다양한 인력들이 필요하다"고 강조했다. 그는 "정부가 다양한 분야에서 전문대, 대학교, 대학원 등 세분화된 인력 양성 체계를 마련해야 한다. AI뿐만 아니라 우주, 국방, 반도체 등 첨단 산업에 대한 준비가 필요하다"고 덧붙였다. 마지막으로 "정부에서도 해당 분야에 대한 연구개발(R&D) 지원을 하고 있지만, 여러 기관과 업체를 동시에 지원해 경쟁 체제를 구축한다면 더 빠른 속도로 성과가 나올 것"이라고 말했다.

6.

유리기판

엔비디아가 AI 시장을 주름잡으며 독주를 이어가고 있다. 전통 강자였던 인텔이 흔들리고, SK하이닉스는 고대역폭메모리(HBM)로 삼성전자를 넘어서는 등 AI가 불러온 변화는 상상 이상으로 크다. 이런 상황에서 다른 기업들은 엔비디아의 아성을 무너뜨리기 위한 첨단 기술 개발에 한창이다. 다름 아닌 다음 먹거리 '넥스트 HBM'을 찾기 위해서이다. HBM처럼 AI 반도체 시장에서 새로운 '게임 체인저'로 등극할 후공정 기술이 있다면? 바로 첨단 후공정 기술 '유리기판' 이야기이다. 극도의 미세화로 점점 한계에 부딪히는 반도체 공정, 어떻게 헤쳐 나가야 할까?

반도체 후공정, AI 시대 성능 해결 '열쇠'로 우뚝

AI 시장이 빠르게 성장하면서 반도체 기업들은 그 성능을 맞추기 위해 고군분투하고 있다. 반도체에 들어가야 하는 칩들은 점점 많아지는데 자리가 비좁으니 칩 사이 간격은 반대로 점점 좁아지고 있는 것이다. 그만큼 회로도 더 미세하게 그릴 수밖에 없어 반도체 발열과 전력소비량 문제는 여전히 기업들의 큰 골칫거리이다. 현재 기술로는 그 한계를 돌파하기 어려운 만큼 신기술에 집중해야 하는 상황. 이런 와중에 첨단 후공정(패키징) 기술로 '유리기판'이 떠오르며 신소재를 활용한 공정이 각광받고 있다. 말 그대로 얇고 단단한 유리를 반도체 기판으로 사용하는 신기술이다.

유리기판을 이해하기 전에 우선 대표적인 후공정 단계로 불리는 '기판'에 대해 알아보자. 우리가 반도체를 생각했을 때 떠오르는 '초록색 넓은 판'이 바로 기판이다. 반도체 기판은 칩에서 우리 몸의 '뼈대'와 같은 역할을 수행한다.

여기에 여러 반도체들이 올라가고, 이 반도체들은 회로 설계에 따라 패키징 공정을 통해 서로 연결된다. 기판은 칩들을 연결하는 통로가 배치되는 장소이면서 동시에 회로를 지지하는 뼈대 역할을 하는 것이다.

반도체 구조도. (사진=유튜브 공학칼럼 캡처)

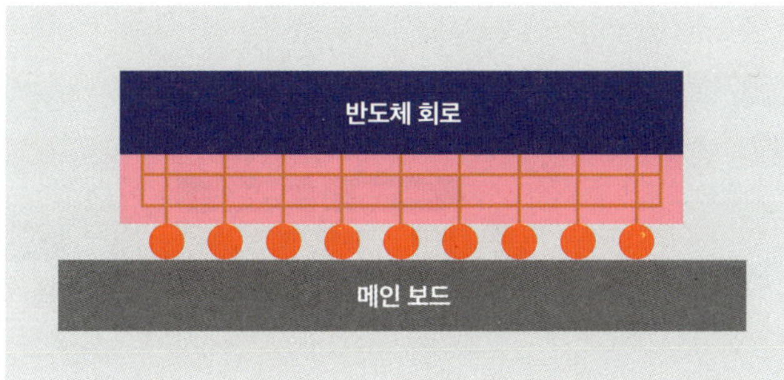

지금은 반도체 기판과 칩 사이에 '인터포저'라는 연결 통로를 둔다. 초기에는 인터포저에 고분자물질로 제작된 유기물을 사용했다. 유기물질이 저렴하고 원하는 형태로 쉽게 가공할 수 있었기 때문이다. 그러나 열에 약해 휘어 버리는 휨(Warpage, 워피지) 현상이 자주 발생해 해결 과제로 떠올랐다. AI 시대에는 기판 크기가 점점 커질 전망이라 더 많은 열이 발생될 것이다. 이때 유기물을 사용할 경우 불량률이 높아질 수밖에 없다.

엔지니어들은 대안으로 '실리콘 인터포저'를 발견했다. 유기물 인터포저 대비 평평해서 미세 회로를 그리기에 용이하고, 열팽창계수(물질이 온도 변화에 따라 팽창하거나 수축하는 정도)도 낮아 휨 현상에도 강점을 가졌기 때문이다.

다만 실리콘 인터포저는 제조 비용이 매우 높았다. 유기물질 대비 10배 가량 비싼 탓에 장기적으로 실리콘 인터포저를 계속 사용하기에는 부담이었던 것이다. 더불어 후공정 단계임에도 전공정 장비를 사용해야 하는 번거로움도 걸림돌로 작용했다.

실리콘기판과 유리기판 구조 (사진=SK하이닉스 뉴스룸)

얇고 평탄, 열 관리 우수한 '유리'의 등장

그리고 드디어 '유리'가 등장한다. 유기물과 실리콘의 단점을 모두 상쇄할 신소재로 '유리'가 거론되기 시작한 것이다. 유리기판에는 △글래스 인터포저 △글래스 코어기판 등 2가지 종류가 있다. 기존 인터포저를 유리로 만드는 것이 '글래스 인터포저', 인터포저와 메인기판을 모두 유리로 대체한 것이 '글래스 코어기판'이다.

글래스 코어기판의 경우 적층세라믹콘덴서(MLCC Multi-Layer Ceramic Capacitor) 등 주요 칩을 기판 내부에 내장시켜 반도체를 더욱 얇게 만들었다. 본래는 기판 위에 칩들을 올리는 구조였다. 가격도 획기적으로 줄일 수 있어 비용 문제도 동시에 해결할 수 있다.

유리기판의 표면 거칠기는 10나노미터(1㎚, 10억분의 1m)이다. 유기물기판이 400~600㎚라는 점을 감안하면 40~

60배 가량 평탄한 셈이다. 실리콘기판과 거의 비슷한 수준이다. 기판은 평탄할수록 미세 회로를 그리기 용이해 AI 시기에 적합하다고 한다. 실제로 특정 기업에서는 유리기판을 사용할 경우 유기기판 대비 10배 이상의 회로 밀도를 구현할 수 있다고 밝히기도 했다. 여기에 유리기판은 열전도율도 실리콘기판 대비 150배 정도로 낮아 반도체 칩 내에서 열이 퍼지지 않게 관리하기도 훨씬 쉽다.

기판 종류별 특성 비교표
(사진=SK하이닉스 뉴스룸)

기판 종류	유기기판	실리콘기판	유리기판
표면의 거칠기 (nm)	400~600	<10	<10
열팽창계수 (CTE) (ppm/K)	3~17	2.9~4	3~9
영률 (GPa) (유연성 정도)	10~40	165	50~90
열전도율	0.9	148	1.1
수분 흡수율	0.04%	0%	0%
패키징 사이즈 (mm)	70×70	35×35	100×100
웨이퍼·패널 사이즈	710mm^2	300mm	710mm^2

하지만 신기술은 언제나 수많은 기술적 난제가 존재한다. 유리기판 역시 '유리'가 다루기 어려운 소재라는 점에서 만들기가 어렵다. 충격에 약해 제조공정 중간에 깨지거나 불량이 발생할 확률도 높다. 유리기판의 주요 기술로 꼽히는 유리관통전극(TGV Through Glass Via) 공정의 완성도가 상용화의 주요 단계로 꼽히는 이유이다.

TGV 공정은 유리기판에 미세 관통 홀을 정밀 가공해 전기적으로 연결하는 기술인데 유리 특성상 가공이 쉽지 않다. 구멍을 뚫는 과정에서 미세한 균열이 발생해 이를 줄여야 하고, 초기 투자 비용이 비싸다는 것도 단점으로 꼽힌다.

그럼에도 유리기판은 선택이 아닌 '필수'로 여겨진다. 방대해진 데이터를 효율적으로 처리하기 위해 발열과 전력 소모량을 모두 해결할 신기술 채택이 불가피하기 때문이다. 에너지경제연구원에 따르면 2030년 세계 데이터센터 전력 소비량은 945테라와트시(TWh)에 달할 전망이다. 2024년 소비량의 두 배가 넘는 수준이다. 2024~2030년 세계 데이터센터 전력 소비는 연평균 약 15%의 증가세를 보일 전망인데, 이는 같은 기간 세계 전력 소비 증가율보다 4배 이상 빠른 속도이다.

유리기판은 메모리 반도체에도 적용할 수 있다. AI 열풍 속 '뜨거운 감자'로 불리는 HBM 역시 세대를 거듭하며 발열을 줄이는 것이 과제이다. 유리기판이 새로운 솔루션이 될 수밖에 없는 이유다. 업계에서는 유리기판이 상용화될 경우 데이터센터의 발열 관리는 물론, 개인이 사용하는 스마트폰이나 태블릿, 노트북 등의 열 관리에도 효과적일 것으로 보고 있다.

기준 시나리오에서 2030년까지 세계 데이터센터 전력소비량 전망 (자료=IEA(2025.4) 에너지와 AI p64)

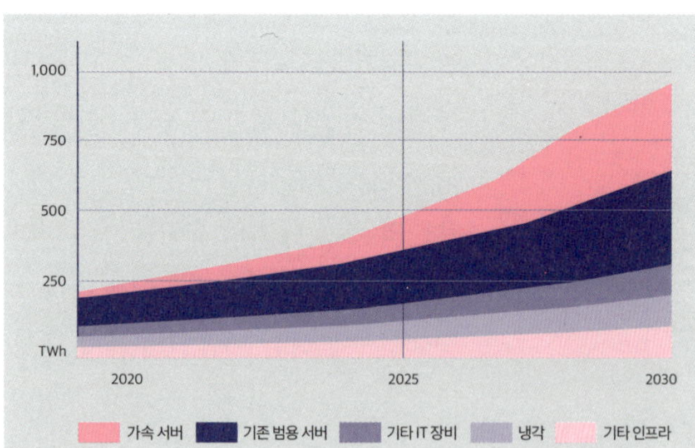

패키징 기술은 이제 '덧셈의 개념'이 아닌 '곱셈의 법칙'으로 불린다. 고대역폭메모리(HBM) 시장을 휘어잡은 SK하이닉스도 패키징 기술에서 앞서며 엔비디아를 사로잡을 수 있었다. 비결은 독자 개발한 대량 칩 접합 몰딩 방식(MR-MUF) 기술이었다. MR-MUF 공정은 기존 공정보다 칩을 쌓을 때 가해지는 압력을 줄이고, 휨 현상 제어도 향상시킨 기술이다.

실제로 SK하이닉스는 패키징 역량이 없으면 아예 사업 기회조차 가질 수 없는 상황이 왔다고 직접 밝히기도 했다. 엔비디아 제품의 그래픽처리장치(GPU)는 점점 커지고 탑재되는 메모리 반도체 수는 점점 많아지고 있다. 더 많이 들어가고, 더 가까이 붙고, 더 커지다 보니 후공정이 이를 돌파할 열쇠로 불리는 것이다.

반도체 발열 해결사 '유리기판' 춘추전국시대 승자는?

본격적인 유리기판 시장은 2028년 열릴 것으로 보인다. 고객사들의 상용화 및 표준화 과정이 2025~2026년쯤 이뤄지면 반도체 기업들은 이에 맞는 양산 체계를 갖출 예정이다. 업계에서는 팹(공장) 착공 과정이 최소 2년 정도 걸리는 점을 감안하면 이르면 2028년쯤 고객사에 물량을 대량 공급할 것으로 전망하고 있다.

시장 개화를 앞두고 기업들은 이미 보이지 않는 기싸움을 펼치는 중이다. 대표적 국내 기업으로는 삼성전자와 삼성전기 등 삼성그룹, SKC, LG이노텍이 기술 개발에 뛰어들었다. 누가 먼저 대형 고객사를 사로잡고 본격적인 대량 양산을 시작하느냐가 관건이다. 시장을 조기 선점한다면

HBM처럼 높은 수익성을 자랑하며 실적 효자로 올라설 가능성이 크기 때문이다. 그로쓰리서치에 따르면 글로벌 유리기판 시장은 2034년까지 약 42억 달러(약 6조 1,047억 원) 규모로 확대될 전망이다.

SKC는 자회사 앱솔릭스를 통해 유리기판 개발을 주도하고 있다. 2024년에 이미 세계 최초로 미국 조지아주 코빙턴에 연간 1만 2,000㎡ 규모의 유리기판 생산 공장을 완공하며 앞서가는 중이다. 현재 SKC는 이곳에서 시험 생산과 빅테크 고객사 확보에 주력하며 2025년 하반기 시제품 테스트 결과 발표와 함께 본격적인 양산에 돌입하는 것을 목표로 하고 있다. 계획대로 이뤄진다면 업계 예측은 물론, 기존 경쟁사보다 1년 이상 빠른 속도이다. SKC는 상업화 일정에 맞춰 2공장 추가 증설도 검토 중이라 밝혔고, 향후 고객사 스펙에 맞는 대량 양산까지 진행할 예정이다.

삼성전기
유리기판 시제품
(사진=삼성전기)

삼성에서는 삼성전자와 삼성전기가 동시에 유리기판 시장에 뛰어들었다. 같은 그룹 내 계열사가 같은 사업에 뛰어든 것을 두고 '경쟁 관계'로 돌입하는 것 아니냐는 반응도 나

온다. 두 회사 모두 구체적인 유리기판 사업에 대해 밝히진 않았지만 삼성전자는 글래스 인터포저를, 삼성전기는 글래스 코어기판을 중점으로 연구할 것이란 관측이 나온다. 삼성전자는 인터포저를 다루는 반도체 회사인 반면, 삼성전기는 기판에 강점을 가진 부품회사이기 때문이다.

삼성전자는 2028년 반도체 제조에 유리기판을 도입할 예정이다. 유리기판 생산에 필요한 제반 기술과 장비를 직접 확보하고, 생산 단계만 외주에 맡긴다는 계획이다.

삼성전기는 세종에 유리기판 파일럿 라인을 구축하고 고객사와 제품 개발 방향을 논의하고 있다. 제품 출시는 2027~2028년 목표다. 삼성전기의 유리기판은 기존 기판 대비 두께를 약 40% 줄인 것이 특징이다. 삼성전기는 삼성전자와 유리기판 사업의 중복성에 대해 "삼성전자도 크게 보면 (삼성전기의) 한 고객"이라고 했다. 향후 두 기업의 사업 방향을 지켜보는 것도 관전 포인트가 될 것이다.

기판 기술 후발주자이자 삼성전기의 경쟁사인 LG이노텍도 연구개발(R&D)에 집중하며 구미 공장에 반도체 유리기판 생산 라인을 구축하고 있다. 다른 기업에 비해 공격적이진 않지만, 글로벌 고객사와 유리기판 관련 논의를 진행하고 있는 것으로 알려졌다.

해외로 눈을 돌려보면 인텔, AMD, 브로드컴 등 엔비디아를 견제하기 위한 기업들이 유리기판에 주력하고 있다. 엔비디아와 파운드리(반도체 위탁생산) 1위 TSMC의 관계가 워낙 돈독한 터라 이들의 시장 영향력을 줄이려는 시도가 계속되고 있는 것이다. 사실 브로드컴의 ASIC(맞춤형)

반도체를 비롯해 CXL(컴퓨트 익스프레스 링크) 등 다양한 솔루션도 이 같은 전략의 일환이다.

유리기판의 종류
(사진=삼성증권)

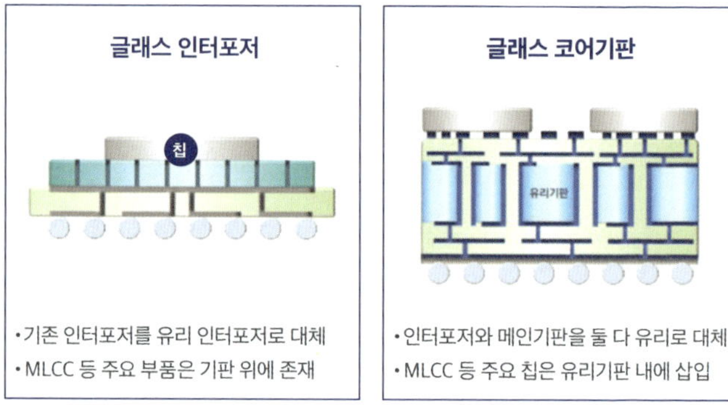

경쟁사들은 직접 유리기판을 선제적으로 도입해 엔비디아를 뛰어넘겠다는 전략이다. 물론 엔비디아와 TSMC도 가만히 있진 않을 것이다. 이들 모두 유리기판을 활용해 발열 문제를 해결하겠다고 밝히고 있는 상황. 말 그대로 춘추전국시대이다. 첨단 기술을 휘어잡지 못하면 도태되기 때문에 기술 개발에 뛰어들 수밖에 없는 상황인 것이다.

다만 유리기판은 아직 시장이 열리지 않은 만큼 어떤 방식의 기술이 주도권을 잡을지는 불투명한 상태이다. 글래스 인터포저와 글래스 코어기판 중에서 어떤 제품이 시장의 주류로 떠오를지도 불확실하다. 아직까지는 상용화가 가시화되지 않은 만큼 시장은 조용히 관망하며 '게임 체인저'로 불리는 유리기판으로 바뀔 반도체 지형에 주목하는 것이다. 가령 SK하이닉스가 HBM으로 삼성전자를 제치고 33년 만에 D램 시장 점유율 1위를 탈환한 것처럼 말이다. 앞으로 누가 먼저 수율(완성품 중 양품 비율) 안정성에 올라 대형 고객사를 잡고, 대량 양산에 돌입할지 지켜볼 일이다.

'光반도체' 실리콘 포토닉스, 전기 대신 '빛'으로 신호 전달하는 시대

또 다른 차세대 반도체 분야로 '광(光)반도체'가 각광받고 있다. '실리콘 포토닉스'라고도 부르는데, 전자기기 속 반도체들이 전기가 아닌 빛으로 신호를 주고받는 기술이다. 빛을 이용하는 만큼 데이터 처리량을 대폭 늘릴 수 있다는 점에서 유리기판보다는 좀 더 가시화된 시장이라 할 수 있다. 실리콘 포토닉스 기술이 실질적으로 구현되기 시작하면 유리기판의 시장 개화에도 유리하게 작용할 수 있다는 관측도 나온다.

지금은 반도체 칩과 칩 사이를 금속 배선으로 연결한다. 금속 배선을 통해 반도체 회로 안에서 이동하는 전자가 움직이면서 정보를 전달하는 것이다. 이때 금속 배선에는 저항이 있어서 전자가 이동하면서 발열이 생기고 속도가 느려진다는 단점이 있다. 실제로 현재 AI 데이터센터에서 발생하는 열을 살펴보면 30~40%는 구리 배선에서 발생한다고 한다. AI가 점차 발전함과 동시에 데이터 처리량도 대폭 늘어나는 상황에서 구리 배선을 대체할 무언가를 찾아야 하는 상황이 온 것이다.

실리콘 포토닉스는 전자의 이동 경로를 구리 배선 대신 반도체 칩을 만드는 소재인 '실리콘'으로 대체하는 개념이다. 동시에 전자 대신 빛으로 정보를 전달한다. 빛은 초당 30만㎞ 속도로 직진하기 때문에 데이터 전송을 훨씬 빠르게 할 수 있다. 이온과 전자의 물리적인 충돌로 인한 에너지 과소비 현상과 발열 등도 발생하지 않는다는 장점이 있다.

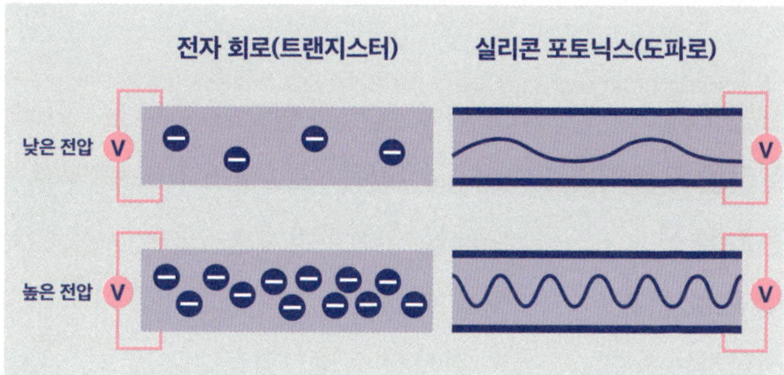

실리콘 포토닉스 설명
(사진=SK하이닉스 뉴스룸)

실리콘 포토닉스는 아직 안갯속에 가려진 유리기판과 달리 이미 업계가 방향성을 잡아 가고 있는 시장이다. 몇몇 파운드리 기업에서는 수년 전부터 실리콘 포토닉스의 파운드리 서비스를 제공하고 있고, 연구 개발 수준을 넘어 실제 제품 개발 단계로 전환한 상황이다. 여러 기업에서 AI 가속기를 비롯해 양자컴퓨팅 시스템, 데이터센터 등 고성능 연산이 필요한 영역에 실리콘 포토닉스를 도입하고 있다.

TSMC · 삼성전자 개발 중, 상용화 코앞

특히 AI 열풍을 주도하는 엔비디아와 TSMC는 실리콘 포토닉스에서도 동맹 관계를 맺고 시장을 선도하고 있다. TSMC는 올해 하반기 실리콘 포토닉스를 활용한 광학소자기술(CPO Co-Packaged Optics)을 접목한 칩을 본격적으로 양산한다는 계획이다. CPO는 실리콘 포토닉스와 첨단 패키징 기술을 결합한 개념으로, 하나의 패키지로 통합해 광 신호로 데이터를 주고받을 수 있게 만드는 기술이다.

삼성전자는 브로드컴과 손잡고 2년 내 실리콘 포토닉스 기술 상용화를 목표로 개발에 박차를 가하고 있다. TSMC와 비교하면 1~2년 가량 뒤처진 상황이다. SK그룹은 최근 일본과 광통신용 반도체 공동 개발을 언급하기도 했다. 고속의 광통신 처리를 가능하게 하기 위해선 SK하이닉스가 이를 뒷받침할 메모리 반도체를 개발할 것으로 보인다.

인텔 반도체 유리기판
(사진=인텔)

업계에서는 실리콘 포토닉스가 본격적으로 상용화되기 시작하면 유리기판에도 기회가 올 거라 보고 있다. 광신호를 사용하면 글래스 인터포저나 글래스 코어기판을 쓰는 것이 유리하게 작용할 수 있기 때문이다. 이는 유리기판에 앞서 실리콘 포토닉스를 선행과제로 꼽는 이유이기도 하다. 앞으로 실리콘 포토닉스가 펼칠 반도체 시장의 향방에 따라 유리기판의 흥망성쇠도 결정될 것으로 보인다.

김형준
차세대지능형반도체사업단장

유리기판, 좋은 기능만큼 기술 난제 해결이 우선

"유리는 작은 스크래치(균열)가 있으면 굉장히 약해진다. 이런 기술적인 문제를 해결할 수 있을지 지켜봐야 한다." 유리기판의 주소재인 유리는 일상생활에서도 다루기 쉽지 않다. 잘 깨지는 속성 때문이다. 유리기판의 기술적 난제도 바로 여기서 출발한다. 유리에 생긴 작은 흠집은 매우 치명적인데, 이걸 어떻게 줄이는지가 관건인 것이다. 가장 먼저 유리기판 사업에 뛰어들었던 미국의 인텔도 최근 유리기판 사업 철수설에 휘말리며 동력이 다소 주춤해진 상태이다.

기능만 보면 우수, 고객사의 선택 여부가 중요

김형준 차세대지능형반도체사업단장(서울대 명예교수)은 "유리기판의 기능만 보면 기존보다 훨씬 평탄해서 회로를 그리기 좋고 열에 강해 장점이 많지만 고객사들이 적용할지에 대해선 의구심이 있다"며 "기존 인쇄회로기판(PCB)의 약점을 계속 보완해 나가고 있기 때문에 유리기판이 PCB를 넘어설지 지켜봐야 한다"고 말했다. 기업들은 기본적으로 새로운 기술을 잘 적용하려 하지 않기 때문에 유리기판이 나온다고 해도 진보된 PCB 기술이 있다면 이를 채택할 수도 있다는 게 김 교수의 설명이다.

현재 통용되는 기판기술인 PCB는 전자 부품들을 고정하고 구리 배선으로 연결해 전자 회로를 구성하는 판이다. 반도체와 전자기기의 성능을 좌우하는 필수 요소로 거의 모든 전자제품에 사용되고 있다. 유리기판은 PCB의 열 변형, 미세회로 구현 한계를 보완하는 동시에 PCB를 완전히 대체할 수 있는 기술로 거론되기 시작했다.

김 교수는 "유리기판 시장은 기판 회사가 혼자 할 수 있는 일은 아니다"라며 "기판을 잘 만들었다고 해도 그걸 쓰는 고객사가 채택을 해줘야 한다"고 강조했다. 그러면서 그는 "어쨌든 이전 기술보다 다루기가 쉽지 않고 가격도 비쌀 것이기 때문에 아주 유리한 점이 있어야 고객사들이 사용하기 시작할 것"이라며 "공급망까지 다 연결된 복잡한 문제라 지금 유리기판에 대한 전망을 판단하긴 이르다"고 말했다.

패키징 강국 대만, "韓 국가 경쟁력 높일 기회"

패키징 기술에서는 대만이 앞서 있는 만큼 한국 기업들이 유리기판에서 치고 나간다면 국가 경쟁력을 높이는 전환점이 될 수도 있다. 현재 패키징 시장은 세계 최대 파운드리(반도체 위탁생산) 회사인 대만 TSMC와 세계 1위 패키징 · 테스트 전문 기업 대만 ASE가 독식하고 있는 상황이다. ASE는 대만 TSMC의 반도체 패키징 관련 최대 협력사로 TSMC의 첨단 반도체 패키징 작업을 외주(OSAT)받아 수행하고 있다. TSMC와 ASE는 최근 패키징 시설 투자를 확대해 경쟁사와의 격차를 벌리기 위한 시도를 이어가고 있다.

시장조사업체 '테크서치'에 따르면 2023년 한국의 OSAT 시장 점유율은 4.3%로 나타났다. 2021년 6%와 비교해 오히려 1.7% 포인트(p) 하락한 수치다. 대만은 46.2%를 기록하며 한국보다 약 10배 이상 높은 점유율을 보였다.

후공정 통합 파운드리로 넓혀서 보면 TSMC의 2025년 1분기 시장 점유율은 35.3%이다. 이어 △인텔 6.5% △ASE 6.2% △삼성전자 5.9% 순으로 나타났다. 후공정 통합 파운드리는 '파운드리 2.0'으로도 불리는 분야이다. 최근 초미세공정의 물리적 한계로 후공정 단계가 중요해지면서 주목받고 있다. 단순 반도체 위탁생산뿐 아니라 패키징, 테스트, 포토마스크 등 후공정 분야를 모두 포함하는 개념이다.

김 교수는 “삼성전자는 새로운 소재를 활용한 획기적인 기술로 두각을 나타내는 방향으로 가는 것으로 보인다”며 ‘(유리기판 관련) 선행 연구를 하는 단계’라고 설명했다. 삼성전자가 유리기판을 파운드리 사업까지 적용할지 여부는 아직 불투명하다. 그러면서 그는 “대만도 유리기판을 개발하고 있는 만큼 기술력 확보가 중요하다”며 “인텔이 유리기판을 내놓으면 붐이 일어나면서 시장 방향성이 보일 것”이라고 강조했다.

7.

냉난방공조

(HVAC)

냉난방공조(HVAC)는
'Heating, Ventilation, and Air Conditioning'의 약자로
냉난방 · 환기 · 공기조화 시스템을 말한다.
건물이나 시설 내 쾌적한 실내환경을 위한
시스템이라 할 수 있다.
최근에는 인공지능(AI) · 클라우드 확산으로
데이터센터 수요가 늘어나면서
자연스럽게 고성능 냉각 시스템에 대한 수요가
크게 증가하고 있다. HVAC 시장의 현재 주소와
무궁무진한 미래 성장 가능성,
국내 기업들의 향후 전략은 어떤 것들이 있을까?

AI 데이터센터 수요에 커지는 HVAC 시장

HVAC는 AI와 클라우드의 확산으로 데이터센터 투자가 늘어나면서 더욱 주목받고 있다. 이제 HVAC는 단순히 건물의 냉난방 시스템을 조정하는 수준이 아닌 첨단 정보 기술(IT) 인프라의 필수 기술로 격상된 것이다.

예를 들어 데이터센터 서버는 발열량이 엄청나기 때문에 이를 효과적으로 조절하는 시스템이 필수적이다. 미국 빅테크들이 데이터센터에 막대한 AI 인프라 투자를 진행함에 따라 고효율 · 고성능 냉각 시스템도 큰 관심을 받고 있다.

HVAC는 가정용, 상업용, 산업용으로 나눌 수 있다. 쉽게 말하면 가정에서 흔히 사용하는 에어컨, 보일러, 환기시스템도 HVAC이다. 주택과 아파트 등에 설치되며, 국내에서는 삼성전자, LG전자 등 가전 기업이 시장을 탄탄하게 잡고 있다.

이를 상업용으로 넓혀 보면 빌딩이나 호텔, 병원, 학교 등에서 중앙 냉난방시스템을 통하거나 멀티형 공조기를 설치해 관리하는 것을 말한다. 최근에는 AI 기술을 접목해 AI가 알아서 빌딩 전체의 냉방 수준을 조절하고 효율적으로 냉난방 비용을 관리할 수 있는 기술 발전이 이루어지고 있다.

산업용 HVAC는 대규모 공장이나 데이터센터 등에 설치되는 대형 냉난방 장치이다. 산업용 고성능 냉각 시스템은 그 수요가 점점 늘고 있는 추세다. 데이터센터에는 서버, 그래픽처리장치(GPU)처럼 고성능 컴퓨팅 장비가 많이 쓰이고 여기서 나오는 열 발생이 매우 크기 때문에 발열을 제어하는 효과적인 냉동 · 공조 시스템이 꼭 필요하다. 산업용 HVAC를 주목하는 이유이기도 하다. AI 데이터센터 설치가 늘어날수록 이를 조절하고 관리할 수 있는 냉각시스템의 수요도 필연적으로 뒤따르는 셈이다.

글로벌 HVAC 시장 전망은 밝다. 지역별 요인이나 정책적 리스크가 있을 수 있으나 대체로 우호적인 시장 성장이 기대되는 상황이다. 그랜드뷰리서치에 따르면 글로벌 HVAC 시장은 2025년 기준 2,589억 달러(약 363조 6,500억 원) 시장 규모로 집계됐다. 오는 2033년에는 4,457억 달러(약 626조 원)까지 폭발적으로 성장할 것으로 전망했다. 이는 연평균 성장률(CAGR) 7.0%에 달하는 수치이다.

이 외에도 여러 시장 전망 업체들은 글로벌 HVAC 시장에 대해 연평균 5~7%의 성장 가능성을 점치고 있다. 최근 삼성전자와 LG전자 등 국내 기업들이 HVAC를 미래 먹거리로 선정하고 사업을 본격적으로 키우는 이유가 여기에 있다.

글로벌 HVAC 시장 전망
(2023~2033)
출처=그랜드뷰리서치

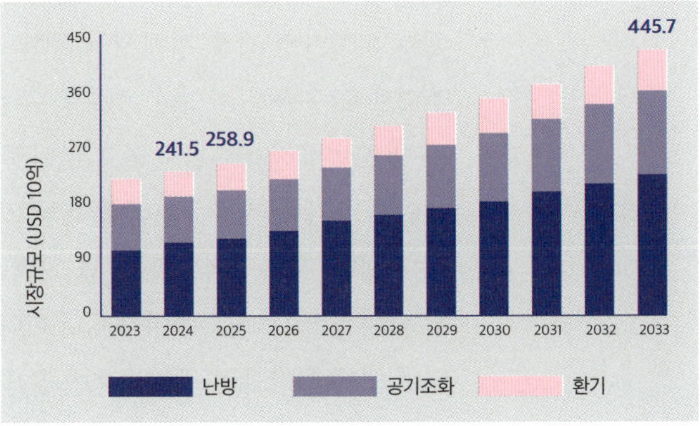

친환경 정책 흐름 타고 가정용 · 상업용 시장 공략

각국의 탈탄소 · 친환경 에너지 정책도 HVAC 시장의 성장을 이끌고 있다. 여러 국가가 건물 에너지 기준을 강화하고 탄소 감축을 목표로 하고 있기 때문이다. 탄소 중립 · 탈탄소 정책 등 에너지 규제가 강화됨에 따라 친환경에 고효율인 HVAC 수요도 함께 늘어나고 있는 모양새다.

유럽연합(EU)은 2050년 탄소 중립을 목표로 탈탄소 · 에너지 전환을 추진하는 그린딜 정책을 도입했다. 각국 정부와 기업들은 목표 달성을 위해 고효율 제품 구매 시 세금 혜택과 보조금 등 다양한 지원을 제공하고 있다.

특히 유럽과 북미는 HVAC의 주요 시장으로 꼽힌다. 미국은 인플레이션감축법(IRA)을 통해 화석연료 대신 전기나 지열 등을 사용하는 '히트펌프(Heat Pump)'에 대해 세금 혜택과 보조금 등을 지원하고 있다. 이에 미국과 유럽에서 가정용 히트펌프 교체 수요도 폭발적으로 늘어나고 있다.

LG전자는 덕트형 공조제품을 많이 사용하는 북미에는 주택 구조에 적합한 유니터리(Unitary) 제품군을, 유럽에는 온실가스 감축 정책에 부합한 공기열원 히트펌프를 주력으로 공급하고 있다. 히트펌프는 화석연료를 대체하는 대표적인 전기화 솔루션으로 인정받고 있다.

유럽은 주거용 에어컨 보급률이 낮고 난방기 보급률은 높은 편이다. 북유럽과 중부유럽 지역은 겨울철 기온이 매우 낮아 난방이 필수적이기 때문이다. 이에 LG전자는 지역 특성에 최적화된 고효율 히트펌프를 앞세워 현지 시장을 공략하고 있다.

LG전자의 대표적인 주거용 히트펌프는 '써마브이(Therm

-a V)'이다. 이 제품은 외부 공기에서 얻는 열에너지를 활용해 실내 냉난방 및 온수를 공급하는 '공기열원 히트펌프(AWHP Air to Water Heat Pump)'로, 화석연료를 태운 열로 난방하는 기존 보일러에 비해 탄소 배출을 줄일 수 있다.

지구온난화지수(GWP)가 3에 불과한 자연냉매(R290)를 적용한 히트펌프 '써마브이 R290 모노블럭' (사진=LG전자)

상업용 솔루션으로는 기존 냉매(R410A)보다 지구온난화지수(GWP)가 30% 수준인 R32 냉매를 적용한 '인버터 스크롤 칠러'와 '멀티 브이 아이(Multi V i)', '멀티 브이 에스(Multi V S)' 등이 있다. 멀티 브이 아이는 고성능 AI 엔진을 통해 사람이 없을 땐 알아서 절전하고 상황에 따라 냉방 세기를 조절해 전기료 절감을 돕는 솔루션이다. LG전자는 호텔이나 병원 등 상업용 시설에 이를 공급하고 있다. 아울러 동남아시아, 중동, 중남미 등 '글로벌 사우스' 지역을 중심으로 현지 맞춤형 전략을 통해 상업용 HVAC 수주 계약을 연이어 따내고 있다. 이들 지역은 상대적으로 에어컨 수요가 큰 곳으로, 주로 병원, 복합쇼핑몰 등에 상업용 시스템 에어컨을 비롯한 냉난방 솔루션을 공급하고 있다.
삼성전자는 북미 가정용 유니터리(Unitary) 시장을 공략하기 위해 실내기와 호환성이 뛰어나고 설치가 쉬운 고효율 하이브리드 하이렉스 실외기 등으로 차별화된 솔루션을 선보이고 있다. 하이렉스 실외기는 제품 교체 시 기존 냉매 배관과 전선을 그대로 사용할 수 있고, 다양한 크기의 배관 연결이 가능해 설치 편의성이 높을 뿐만 아니라 비용 절감도 할 수 있는 제품이다. 가정용 유니터리 제품은 북미 특화형 공조 방식으로, 주택이나 중소형 빌딩에 사용되며 덕트를 통해 찬바람을 내보내 냉방을 구현할 수 있다.

실내 환경이 쾌적해지면 절전 모드로 전환해 전기까지 아껴주는 LG전자 시스템에어컨 '멀티브이 아이(Multi V i)와 '멀티 브이 에스(Multi V S)' (사진=LG전자)

또한 삼성전자는 가정용 히트펌프 '에코 히팅 시스템(EHS)' 제품으로 미국 시장을 공략한다. 200L 전용 물탱크가 탑재된 EHS 제품인 '클라이밋허브 모노(ClimateHub

Mono)' 콤팩트한 사이즈의 벽걸이형 실내기 '하이드로 유닛 모노(Hydro Unit Mono)' 실외기 모노 'R32 HT 콰이어트(Mono R32 HT Quiet)' 등이 그것이다. 가정용 히트펌프 EHS는 바닥 난방과 급탕에 적용되는 솔루션으로, 공기열과 전기를 이용해 온수를 만들 수 있어 화석연료를 사용하는 보일러보다 효율이 높고 탄소 발생이 적은 것이 특징이다.

상업용으로는 지구온난화지수(GWP)가 기존 냉매인 R410A의 약 32% 수준인 R32를 적용한 DVM 대용량 시스템에어컨으로 북미 시장, 글로벌 공조시장을 공략하는 모습이다.

삼성전자 가정용 히트펌프 EHS '클라이밋 허브 모노(Climate Hub Mono)' 실내기 제품 (사진=삼성전자)

AI 인프라 투자 증가로 데이터센터 HVAC 시장 성장

산업용 시장은 HVAC 기술의 중요성에 더 주목한다. 수요가 커진 AI, 클라우드 시장 덕분이다. AI 시대를 맞아 미국 빅테크 기업을 비롯한 글로벌 기업들이 연이어 AI 데이터센터를 짓고 있고, AI 인프라 투자를 늘리면서 열 관리의 필요성 또한 높아지고 있는 것이다. 실제로 HVAC 시장을 이끌고 있는 글로벌 기업에는 존슨컨트롤스, 트레인, 다이킨, 캐리어, 슈나이더일렉트릭 등이 있다.

업계에 따르면 HVAC의 데이터센터 부문이 가장 높은 성장률을 기록할 것이라 말한다. 2030년까지 441억 달러(약 61조 7,000억 원) 규모로 연평균 18%의 높은 성장률을 보일 것으로 예상하고 있다. 하지만 높은 성장률만큼 글로벌 공급 경험, 최적의 설계, 솔루션 제시 역량 등 넘어야 할 진입 장벽이 높은 산업이기도 하다. HVAC 시스템 설치나 유지보수에는 반드시 전문 기술자나 숙련된 인력이 필요하다. 이러한 시장 상황에서 경험을 갖춘 국내 가전 기업이 도전장을 내밀기 시작했다.

삼성 · LG, 강점 앞세워 글로벌 HVAC 공략

풍부한 경험을 무기로 한 삼성전자와 LG전자가 글로벌 냉난방공조(HVAC) 시장에 뛰어들었다. 그동안 가정용 · 상업용으로 쌓아온 경험을 바탕으로 보폭을 넓혀 미래 성장 가능성이 큰 산업용 HVAC 시장에 진입한 것이다.

삼성전자, 플랙트 인수 통해 글로벌 공조시장 공략

삼성전자는 세계적인 HVAC 업체인 플랙트를 인수하면서 글로벌 공조 사업 투자를 강화하고 있다. 영국계 사모펀드 트라이튼이 보유한 플랙트 지분 100%를 15억 유로(약 2조 4,000억 원)에 인수하는 계약을 체결했다.

플랙트는 지난 1918년 설립돼 100년 이상 기술력을 쌓은 세계적인 HVAC 업체이다. 65개국의 가정, 사무실, 학교, 병원은 물론 데이터센터와 같은 첨단 시설에 중앙공조 제품과 솔루션을 공급해 왔다. 특히 효과적인 열 관리가 필수인 대형 인공지능(AI) 데이터센터, 민감한 고서 · 유물을 관리하는 박물관과 도서관, 유동인구가 많은 공항과 터미널, 항균 · 항온 · 항습이 중요한 대형 병원 등에 높은 인지도와 신뢰를 바탕으로 솔루션을 공급해온 이력을 가지고 있다. 특히 냉각액을 순환시켜 서버를 냉각하는 액체냉각 방식인 냉각수분배장치(CDU Coolant Distribution Unit)에서 업계 최고 수준의 냉각 용량 · 효율의 제품군을 확보하고 있다. 삼성전자는 플랙트 인수를 통해 빠르게 성장하고 있는 데이터센터 공조시장에서 주도적인 역할을 하겠다는 방침이다. 지난 2024년 5월, 삼성전자는 미국 공조업체 레녹스(Lennox International Inc.)와 합작법인을 설립한 후, 삼성전자의 기존 판매 채널에 레녹스의 판매 채널을 더해 북미 공조시장 공략에 힘을 실었다.

미국 플로리다주 올랜도에서 열리는 북미 최대 공조 전시회 'AHR 엑스포'에서 삼성전자 모델이 하이브리드 가정용 히트펌프 EHS를 소개하고 있다. (사진=삼성전자)

LG전자, AI 데이터센터 공조시장 공략

LG전자는 산업용, 대형 건물 중앙공조, 원자력발전소 냉각, 빌딩관리시스템(BMS), 데이터센터 등의 냉각 설비를 아우르는 공조 회사로 자리잡고 있다. 2024년 말에는 조직개편을 통해 공조사업을 담당하는 ES사업본부를 분리 · 신설하며 사업 확대에 드라이브를 걸었다. 또한 미국 앨라배마주에 신규 공조 생산시설을 구축해 2024년부터 HVAC 제품을 생산하고 있고, 독일 프랑크푸르트와 노르웨이 오슬로에 에어솔루션 연구소와 히트펌프 기술 컨소시엄을 각각 구축했다.

특히 AI 시대를 맞아 급성장하는 데이터센터 냉각솔루션에 주목한 LG전자는 HVAC를 기업간거래(B2B) 사업의 핵심 동력으로 삼고 공을 들이고 있다. 액체냉각 솔루션 등 데이터센터향 HVAC 수주를 확대하고, 초대형 냉방기 칠러의 외연 확대를 목표로 세운 LG전자는 데이터센터에 널리 사용되는 터보 칠러, 지역난방의 폐열을 활용하는 흡수식 칠러, 심야전력을 이용해 물을 얼리는 데 사용하는 스크류 칠러 등의 라인업을 갖추고 있다.

특히 AI 데이터센터 냉각솔루션 냉각수분배장치 (CDU)를 활용해 칩을 직접 냉각시키는 액체냉각 솔루션은 공간을 적게 차지하면서도 에너지 효율이 뛰어나 차세대 기술로 각광받고 있다. LG전자는 데이터센터의 효율적 열관리를 위해 △CDU를 활용해 칩을 직접 냉각하는 액체냉각 솔루션 △칠러를 이용해 데이터센터 내부 온도를 낮추는 공기냉각 솔루션을 보유하고 있다.

LG전자의 초대형 냉방기 칠러는 데이터센터와 대형 건물 등 B2B 영역에서 성장을 이어가고 있다. 칠러는 대형 건물의 냉난방용에서 최근에는 AI 분야를 비롯, 클린룸, 발전소, 스마트팜 등 다양한 분야에서 수요가 늘어나고 있다. 특히 LG전자 인버터 스크롤 칠러는 미국 내 배터리 공장, 국내 화학플랜트 등에 공급되며 2025년 5월까지 누적 매출이 전년 동기 대비 약 30% 성장할 정도라고 한다.

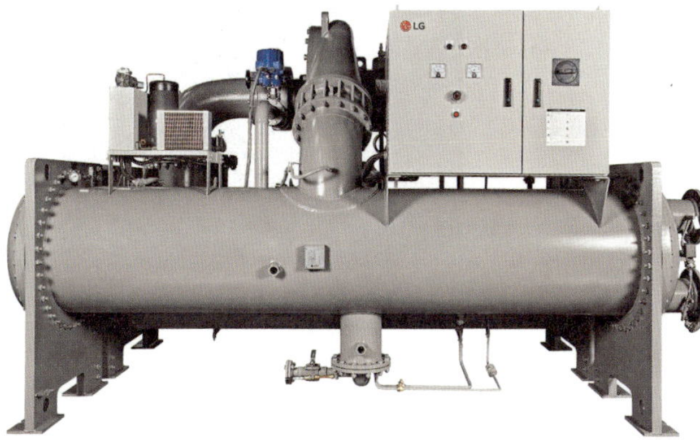

LG전자의 AI 데이터센터 열관리 솔루션으로 주목받고 있는 초대형 냉방기 '무급유 인버터 터보 칠러' (사진=LG전자)

최근 미국과 중동, 아시아에서 LG전자는 AI 데이터센터향 수주 소식이 들려오고 있다. 미국 대규모 데이터센터 프로젝트를 수주해 첨단 프리쿨링 기능을 갖춘 칠러를 공급하기로 했다는 것이다. 이에 더해 사우디아라비아의 네옴시티 첨단산업단지 '옥사곤'에 들어설 예정인 초대형 AI 데이터센터에도 대규모 냉각 솔루션을 공급할 것으로 점쳐진다. 실제로 LG전자 조주완 최고경영자(CEO)를 포함한 경영진이 최근 사우디아라비아를 방문해 이 같은 내용의 업무협약(MOU)을 체결했다. 업무 협약 이후 구체적인 수주 확정 계약을 맺을 예정이라고 한다. 다양한 국가와 기업간 계약을 통해 레퍼런스를 쌓아 향후 데이터센터향 HVAC 추가 수주가 늘어날 것으로 보고 있다.

LG전자의 AI 데이터센터 액체 냉각 솔루션인 냉각수 분배 장치(CDU) (사진=LG전자)

LG전자 ES사업본부
김영모 칠러개발실장

AI 데이터센터용 칠러, 향후 5년간 12.5%씩 성장

LG전자는 최근 냉난방공조(HVAC Heating, Ventilation, Air Conditioning) 사업을 미래 성장동력 사업으로 꼽고 있다. 가전에서 쌓은 에어컨 사업 경험을 바탕으로 빠르게 시장 점유율을 높이고 있는 LG전자가 왜 HVAC 사업을 미래 사업으로 꼽았는지, 앞으로의 성장 가능성은 무엇인지, 최근 다양한 지역에서 기업들과 데이터센터 칠러 수주 계약을 진행 중인 LG전자 ES사업본부 칠러개발실의 김영모 실장에게 물었다.

Q.
요즘 왜 칠러가 화두인가? 칠러가 하는 역할이 무엇인가?

A.
4차 산업혁명과 AI 시대 필수 시설인 데이터센터의 전력 사용량 절감과 서버 냉각을 위한 고성능 · 고효율 냉각시스템 기술인 칠러가 주목받고 있다. 칠러는 쉽게 말해 '차가운 물(냉수)'을 만드는 기계다. 이 찬물을 이용해 산업용 생산 공정이나 냉각이 필요한 공간을 차갑게 만드는 것이다. 주로 공항, 쇼핑몰, 대형 빌딩, 산업용 공장 등 다양한 곳에서 냉각 용도로 사용된다.

Q.
칠러의 작동 원리는 무엇인가?

A.
칠러는 냉동사이클을 이용해 물을 차갑게 만든 후, 그 찬물을 활용해 대상 공간이나 물체를 원하는 온도로 냉각시킨다. 쉽게 말하면 에어컨, 냉장고와 똑같은 원리로 작동하는 대형 냉각 장치라고 생각하면 된다. 에어컨은 냉매를 이용해 시원한 바람을 만들고 가정이나 사무실 등 상대적으로 작은 공간의 냉방을 돕는다. 이에 반해 칠러가 만든 찬물은 산업현장, 병원, 호텔, 데이터센터 등 대규모의 냉각이 필요한 곳에 쓰인다.

Q.

LG전자가 만들고 있는 칠러에는 어떤 것이 있나?

A.

LG전자는 가정용 및 상업용 에어컨 뿐만 아니라 산업용, 대형 건물 중앙공조, 원자력발전소 냉각, 빌딩관리시스템(BMS), 데이터센터 등의 냉각 설비를 아우르는 종합공조 회사로 자리매김하고 있다. 전기식으로 터보칠러, 스크류칠러, 인버터 스크롤 칠러가 있고, 가스식으로는 흡수식 칠러, 가스식시스템에어컨(GHP) 등이 있다. LG전자는 이렇게 풀 라인업을 확보하고 있다.

Q.

AI 데이터센터에 칠러가 필요한 이유는 무엇인가?

A.

AI 데이터센터는 칩 자체의 전력 사용량이 일반 데이터센터의 5~30배에 이른다. 즉 이를 냉각하기 위한 냉방 용량도 5~30배 더 필요한 셈이다. 그리고 서버를 공기가 아닌 액체로 냉각해야 한다. 이때 주요 핵심 제품은 서버를 액체로 냉각할 수 있는 DTC(Direct-to-Chip) 방식의 냉각수분배장치(CDU) 제품과 CDU에 냉수를 공급해 주는 칠러이다.

Q.

LG전자 칠러의 경쟁력은 무엇인가?

A.

LG전자 칠러의 경쟁력은 핵심 부품인 압축기, 고성능 열교환기, 고효율 인버터에 대한 차별화된 자체 기술력과 적극적인 연구개발(R&D)에 있다. 친환경 주요 기술인 '다단 압축' 기술, '무급유 마그네틱 베어링' 기술, '히트펌프' 기술 등에서 앞선 기술력을 입증하고 있다. 그리고 설치 · 운영 · 유지 보수 전반에 걸친 다양한 고객 기술 지원 부분에서도 경쟁력을 갖추고 있다.

Q.

LG전자가 칠러 사업을 시작한 시기는 언제인가? 향후 목표는 무엇인가?

A.

LG전자는 2011년 LS엠트론의 공조사업부를 인수하며 칠러 사업에 본격적으로 뛰어들었다. 이후 가정용 및 상업용 에어컨뿐만 아니라 산업용, 대형 건물 중앙공조, 원자력발전소 냉각, 빌딩관리시스템(BMS), 데이터센터 등의 냉각 설비를 아우르는 풀 라인업을 확보했다. 현재 국내 평택, 창원과 중국 청도에서 칠러 제품군을 생산 중이다.

Q.

데이터센터 냉각시장 전망은? AI 데이터센터 외에 다른 수요처가 있는가?

A.

데이터센터의 냉각시장 규모는 2025년 기준 약 26조 원이다. 현재에도 미국, 빅테크 중심으로 AI 데이터센터 구축이 활발히 진행되고 있어 이 시장은 향후 5년간 매년 12.5% 성장할 것으로 예상한다. 또한 탄소 중립을 위해 보일러를 대체할 수 있는 히트펌프 영역과 폐열을 활용한 냉방까지, 다양한 산업 현장에서 그 활용도를 넓혀 나갈 수 있을 거라 생각한다.

Q.

최근 LG전자의 칠러 사업 규모는 어느 정도인가? 공개 가능한 수주 계약이 있다면?

A.

2년 내 매출 1조 원을 목표로 순항 중이며 그 중 데이터센터 매출이 성장을 이끌 것이다. 데이터센터는 2025년에 전년 대비 3배 이상의 수주를 확보했다. 현재 한국은 41개의 운영 사이트(데이터센터)에 LG전자 냉각솔루션을 공급했고, 중동 · 미국 · 인도네시아에 건설될 AI 데이터센터에 냉각솔루션 공급을 확보하는 등 본격적으로 글로벌 시장으로 나아가고 있다. 또 사우디아라비아 네옴시티 내 첨단산업단지 '옥사곤'에 건설될 AI 데이터센터에 냉각솔루션을 공급하는 협약도 체결했다.

Q.

SK이노베이션과 업무협약(MOU)을 맺었다. 타 기업과의 협업 필요성과 기대 효과는 무엇인가?

A.

데이터센터는 에너지 발전 · 저장 · 이송 · 운영 등 단일 버티컬에 다양한 밸류체인이 있으며, 각각의 영역에서 최적의 솔루션을 요구하고 있다. 이를 한 기업에서 모든 솔루션으로 제공할 수 없으며, 경쟁력 있는 기업과의 파트너십을 통해 고객이 요구하는 솔루션을 제공하는 역량을 갖추는 것이 매우 중요하다.

Q.

칠러 이외의 협업 사례가 있다면?

A.

LG전자는 칠러뿐만 아니라, 쿨링(Cooling) 솔루션 전반에 걸쳐 다양한 파트너십을 확대해 나갈 예정이다. 이미 3~4개의 업체와 심도 있는 협업이 진행되고 있으며 점차 확대 예정이다.

8.

친환경 에너지

기후 위기 해소는 더 이상 외면할 수 없는 시대적 과제이다. 산업화 과정에서 배출된 이산화탄소와 메탄 등, 온실가스 농도가 증가하면서 지구 평균 평면온도가 산업화 이전 대비 1.2~1.3℃ 상승했다. 지구 온난화가 심화되면서 예측할 수 없는 기후 재난이 발생하고 수많은 사상자를 낳고 있는 실정이다. 그렇다고 산업 발전을 막을 수는 없다. 이 같은 배경으로 지속적인 산업 성장을 유도하면서 온실가스를 줄이기 위해 친환경 에너지가 각광받기 시작했다.

'1.5℃'에 달렸다, 기후 재난 막을 친환경 에너지

친환경 에너지에 대한 관심이 커지면서 주목받은 개념이 바로 '2050 탄소중립(Net Zero,넷제로)'이다. 넷제로는 오는 2050년까지 이산화탄소 실질 배출량을 '0'으로 만드는 것을 뜻한다. 유엔 기후변화정부간협의체(IPCC)에서는 산업화 이전 대비 지구 평균 기온이 1.5℃ 이상 상승하는 것을 막으려면 2050년 이전에 전 세계 온실가스의 실질 배출량을 0으로 만들어야 한다는 결론을 냈다. 지구 평면온도가 1.5℃ 넘게 오르면 어떻게 될까. 유엔 IPCC 6차 보고서에 따르면 과학자들은 지구 평면온도가 1.5℃ 상승할 경우 폭염 발생 빈도가 8배 증가하고, 산호초의 90%가 소멸할 것으로 예상했다. 또 생물종의 6%가 멸종하고 곡물 생산성이 감소하는 등 여러 부작용이 나타날 것으로 전망했다.

이에 기후 위기를 예방하기 위해 전 세계 국가들이 발 벗고 나서기 시작했다. 유럽연합(EU)은 지난 2019년 2050 탄소중립 목표 달성을 위한 정책 이니셔티브 '유로피언 그린딜(European Green Deal)'을 공표했다. 한국은 문재인 전 대통령이 지난 2020년 넷제로 목표를 채택했다. 이듬해 탄소중립위원회를 출범시키고 의견을 수립해 2022년 3월에 '탄소중립 · 녹색성장 기본법'을 제정, 2050 탄소중립 목표를 법으로 명시했다.

건물 외벽에서 발전한 신기술 'BIPV'

온실가스의 실질 배출량을 낮추려면 기존 화석 에너지 사용을 줄이는 대신 친환경 에너지 사용을 확대해 온실가스 배출을 최소화하거나 제거하는 기술이 필요하다. 친환경

에너지의 대표적인 사례로는 태양광 에너지를 들 수 있다. 태양광 에너지는 말 그대로 태양의 뜨거운 열을 에너지로 활용하는 것이다. 국내에서 태양광 에너지 사업을 전개하는 기업으로는 한화솔루션이 대표적이다. 한화솔루션은 태양광 웨이퍼(Wafer)부터 셀(Cell), 모듈을 비롯해 시스템 솔루션까지 공급하고 있다. 또 태양광 발전소의 설계, 건설, 운영 등 총괄 프로젝트를 진행하고 있다.

한화솔루션은 고객사의 전력 사용 패턴과 예상 수익 등을 종합적으로 분석해 개별 고객에게 최적화한 태양광 솔루션을 제공하는 '분산 에너지 사업'도 전개 중이다. 미국에서는 주택용 태양광 시스템 초기 설치 대금 부담을 지원하는 태양광 할부금융 서비스도 선보였다.

한화솔루션은 미국 태양광 시장 장악력을 확대하면서 지난 2023년 1분기 미국 주거용 모듈 시장에서 35%의 점유율을 달성했다. 상업용 시장에서도 약 36% 점유율을 차지한 것으로 집계됐다. 미국 내 태양광 통합 밸류체인 구축에 적극 투자하면서 올해 기준 한화솔루션의 미국 내 태양광 모듈 생산 규모는 8.4기가와트(GW)에 육박할 전망이다.

한화솔루션은 태양광 에너지 신기술 개발에도 주력하고 있다. 내년을 목표로 차세대 셀 기술인 '페로브스카이트 결정질 실리콘 탠덤셀' 대량 생산 및 모듈 제조 공정 기술을 개발 중이다. 이 기술은 태양광 모듈 실리콘층 위에 태양광 신소재인 페로브스카이트층을 얹어 발전 효율을 높이는 방식이다. 한계 효율이 기존 실리콘 셀(29%)보다 높아 15%의 전력을 더 생산할 수 있을 것으로 기대된다.

대기업뿐만 아니라 국내 중소기업들도 태양광 에너지 사업에 뛰어들며 성과를 내고 있다. 지난 2007년 태양광 사업에 진출한 신성이엔지는 한화솔루션과 마찬가지로 태양광 모듈을 생산하고 태양광 발전시스템 설치, 시공, 유지·보수 등의 사업을 전개하는 종합 솔루션 업체이다. 지난 2020년에는 전라북도 김제시에 연간 500메가와트(MW) 규모의 생산 시설을 갖췄다. 신성이엔지의 태양광 모듈은 납 함유량이 0%로 높은 내구성을 갖춘 게 특징이다.

특히 건물 외장재로 기능하면서 태양광 발전이 가능한 '건물일체형 태양광모듈(BIPV Building Integrated Photovoltaic System) 솔라스킨'을 코오롱글로벌과 공동 개발해 선보였다. 이 제품은 건축 외장재에 태양광 모듈을 접목한 것으로 창호, 외벽, 지붕 등 다양한 형태로 적용 가능한 것이 특징이다. 별도의 태양광 모듈 설치 공간이 필요 없어 국토가 좁고 고층 건물이 많은 국내 환경에 적합한 기술이다. 외장재는 아이보리, 그레이 등 다양한 색상으로 구현할 수 있다.

신성이엔지 관계자는 "BIPV 시장은 아직 초기 단계이나 제로에너지건축물(ZEB) 의무화 정책에 힘입어 수요가 점차 확대될 것으로 전망하고 있다"라며 "일반 태양광 모듈 대비 약 2배 높은 설치 비용이 소요되지만 건축 외장재를 겸하기 때문에 심미성과 효율성을 동시에 갖췄다"고 설명했다.

건물일체형 태양광 발전 시스템은 '중소기업 전략기술 로드맵'의 핵심 기술로도 선정됐다. 태양광 산업에서 스마트시티를 구현하는 핵심 기술로서 한정된 면적, 난개발 문제를 해결할 대책으로 부상했기 때문이다. 향후 건축물 뿐만 아니라 토목, 전기, 전자 및 화학, 신소재 등 여러 기술이 융합된 분야로 산업 파급효과가 커질 것이란 관측이 나온다.

판교 글로벌비즈니스센터에 적용된 'BIPV 솔라스킨' (자료=신성이엔지)

신성이엔지는 수상태양광 사업에서도 태양광 모듈 공급 계약을 체결하면서 사업을 확장하고 있다. 아리울 태양광 컨소시엄 참여사인 신성이엔지는 새만금 햇빛나눔사업에 73메가와트(MW) 규모의 태양광 모듈을 공급할 예정이다. 앞서 효성중공업 컨소시엄과 새만금 지역주도형 수상 태양광 사업 300MW 프로젝트에 참여하기도 했다.

대형화되는 풍력 발전, 발전 효율 상향

태양광 에너지에 이어 친환경 에너지의 한 축을 차지하는 발전원으로는 풍력 에너지를 꼽을 수 있다. 풍력 에너지는 바람의 운동 에너지를 활용해 풍력 발전기를 돌려 전기를 생산하는 구조다. 육상과 해상에 모두 설치해 바람을 이용하기 때문에 이산화탄소 등의 온실가스가 발생하지 않는다. 풍력발전기는 크게 타워와 회전축, 터빈(발전기), 블레이드(날개) 등으로 구성된다.

국내 풍력 발전 기업인 씨에스윈드는 풍력 발전의 몸체인 타워와 타워 내부 부품을 생산하고 있다. 베트남, 미국, 포르투갈, 중국, 터키, 대만 등에서 풍력 타워 생산법인을 운영해 유럽과 미국, 아시아 등 전 세계 육상 및 해상 풍력타워를 납품하고 있다. 주요 납품 업체로는 글로벌 풍력 타워 시장에서 주요 점유율을 차지하고 있는 베스타스(Vestas), 제너럴일렉트릭(GE) 등이 꼽힌다.

씨에스윈드는 타워 기반 사업 역량을 바탕으로 해상풍력 하부구조물 시장에도 진출해 유럽과 미국 등 주요 기업에 납품하고 있다. 하부구조물은 바닷속 풍력타워를 안정적으로 고정할 수 있도록 해주는 지지대 역할을 한다.

풍력 터빈을 제작하는 국내 기업으로는 두산에너빌리티와 유니슨이 있다. 두산에너빌리티는 저풍속 환경 특화 모델 풍력 발전기 'DS205-8MW'를 선보였다. 연평균 6~7미터퍼세크(m/s) 수준의 저풍속 지역에서 월등한 발전량을 제공하는 모델이다. 풍력 터빈 주요 부품의 70% 이상을 국내에서 조달해 개발했다. 최근에는 10MW급 해상 풍력 터빈을 개발해 지난 7월 국제 인증을 취득했으며 20MW급 해상풍력 발전기 개발도 추진 중이다.

두산에너빌리티가 운전하거나 건설 중인 해상풍력 발전 규모는 지난 2022년 말 기준 총 348MW에 달한다. 두산

에너빌리티는 육상 및 해상 풍력발전의 단지 입지 선정, 풍향 분석 등, 사업 타당성을 고려한 기자재 공급까지 포괄적인 사업을 수행하고 있다.

중소기업인 유니슨도 발전사업 개발부터 기자재 공급, 풍력발전단지 건설 등 사업 전반을 담당하고 있다. 유니슨은 국내 기업 최초로 지난 2011년 미국에 풍력 터빈을 수출해 기술력을 인정받았다. 연간 총 500MW 규모의 풍력 터빈을 생산할 수 있는 공장을 갖춘 유니슨은 2MW부터 4MW까지 다양한 출력의 제품 라인업을 구축했으며 현재 10MW급 용량의 대형 터빈을 개발하고 있다.

유니슨 관계자는 "10MW급 해상풍력 터빈은 실증 단계를 통해 시제기 설치를 준비 중으로 마무리 인증 단계만 남은 상태"라며 "기후 변화에 따라 제어 시스템도 고도화하고 있다"고 말했다.

풍력 산업은 그동안 정부 보조금과 산업육성정책에 힘입어 성장한 가운데 최근에는 발전원의 대형화 및 중량화를 바탕으로 개발 사업 자체 경쟁력과 제작 난도가 높아지고 있다. 기술 수준이 상향되면서 에너지 효율이 개선돼 풍력 에너지 시장이 지속 성장할 것이란 관측이 나온다. 세계풍력협의회(GWEC)에 따르면 오는 2027년에 글로벌 풍력 신규 설치량이 160기가와트(GW)를 돌파하고, 오는 2030년에는 194GW로 늘어날 것으로 예상하고 있다. 특히 2028년부터 유럽, 미국 등 대규모 해상풍력단지 설치가 가속화되면서 해상풍력 하부구조물에 대한 수요가 5배 이상 성장할 것이라는 전망이 나온다.

글로벌 풍력
신규 설치량 전망
(자료=세계풍력협의회)

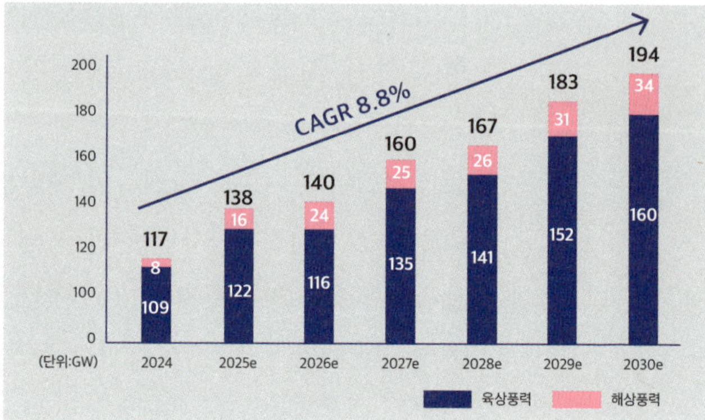

그레이에서 그린으로, 다가오는 청정수소 시대

수소 에너지는 수소와 산소를 결합해 전기 에너지를 얻는 방식의 친환경 에너지이다. 수소는 생산 방식에 따라 그레이수소, 블루수소, 그린수소 세 가지로 나뉜다. 그레이수소는 천연가스를 고온 및 고압의 수증기와 반응시켜 생성되는 개질수소, 석유화학 공정에서 발생하는 부생수소를 포함한다. 현재 국내에서 생산되는 수소는 그레이수소가 대부분의 비중을 차지한다. 그레이수소는 상대적으로 생산 단가가 저렴하지만 생산 과정에서 이산화탄소를 발생시키는 단점이 있다. 그레이수소의 단점을 해소하기 위해 나온 개념이 블루수소이다. 블루수소는 기존 그레이수소 생산 과정에서 방출되는 이산화탄소를 포집 및 저장해 대기 중에 배출되지 않도록 한다. 때문에 생산 단가는 그레이수소 대비 높지만 이산화탄소 배출을 줄일 수 있다.

그린수소는 블루수소에서 한 단계 더 나아가 친환경 개념에 가장 부합하는 형태의 수소이다. 그린수소는 태양광이나 풍력 에너지 등 재생 에너지를 통해 물을 전기분해해

얻는 청정수소이다. 이산화탄소가 배출되지 않지만 생산 단가가 높다는 단점이 있다. 국제에너지기구(IEA)에 따르면 지난 2023년 기준 전 세계 수소 생산에서 그린수소가 차지하는 비중은 1%도 되지 않는다. 재생 에너지의 공급이 제한적인데다 장기적으로 수소를 저장할 수 있는 기술이 아직 고도화되지 못했기 때문이다. 다만 글로벌 시장에선 그린수소 사용 비중 확대를 위해 기술 개발과 인프라 구축에 주력하고 있다. 한국 정부도 수소경제를 국정과제로 지정한 이래로 지난 2020년 '수소경제 육성 및 수소안전관리법(수소법)'을 제정해 규제 완화, 인센티브 제공 등의 방식으로 수소경제 구축을 지원하고 있다.

수소 에너지는 생산을 비롯해 저장, 운송 등 일련의 과정을 거쳐 산업에서 활용된다. 수소 에너지의 생산 및 유통 공급망 전반에서 사업 인프라를 구축한 회사로는 SK이노베이션 E&S가 꼽힌다. SK이노베이션 E&S는 수소 생태계를 구축하기 위해 국내에 액화수소발전소를 건설했다. SK인천석유화학 공장 내 1만 5,000평 부지에 연간 3만 톤(t)의 수소를 생산할 수 있는 인프라를 마련했다. 이곳에서 생성되는 부생수소를 액화하는 방식을 거쳐 수도권을 중심으로 액화수소충전소를 통해 공급하고 있다.

SK이노베이션 E&S는 그레이수소 사업에서 한 단계 더 나아가 블루수소 생산기지를 건설해 연간 20만~25만t의 수소 생산을 목표로, 보령액화천연가스(LNG)터미널 인근에 청정수소플랜트 건설에 나선다는 계획이다.

아울러 장기적으로는 그린수소 생산으로까지 사업을 추

진해 사업을 고도화한다는 방침이다. SK이노베이션 E&S는 미국 수소기업 플러그파워와 합작 법인 'SK플러그하이버스'를 설립해 그린수소 프로젝트를 추진하기 위해 팔을 걷어붙였다. 합작 법인은 그린수소 발전의 핵심인 '고분자전해질막(PEM Polymer Electrolyte Membrane) 수전해' 설비를 공급하는 역할을 한다. PEM 수전해 설비는 고체 상태의 고분자 전해질막을 사용해 고순도 물을 수소와 산소로 전기분해하는 역할을 한다. 전해질로 알카리성 액체 물질을 사용하는 '알카라인(AEC Alkaline Electrolyzer Cell) 수전해' 설비 대비 가동에 소요되는 시간이 짧고 수소 생산성이 높은 장점이 있다.

국내 수소 에너지 저장 및 운송에서 두각을 보이는 업체로는 크리오스가 있다. 크리오스는 최근 4t급 액화수소 저장탱크를 개발했다. 올해는 한국가스공사 에너지안전실증연구센터에서 진행된 시험평가에서 단열 성능도 인정받았다.

수소 충전소 사업에서는 범한퓨얼셀이 선두 업체로 꼽힌다. 범한퓨얼셀은 고객의 주문을 받아서 수소충전소를 설계하고 인허가 및 건설 등의 과정을 거쳐 수소충전소를 운영할 수 있도록 지원한다. 일본 스미토모상사그룹과 업무협약을 체결하고 일본 및 미국에서 검증된 액화수소충전소 핵심 부품을 독점 공급받고 있다. 지난해 첫 액화수소충전소 구축 계약을 체결했으며 올해 9월에는 SK플러그하이버스에 액화수소충전소 8개소를 공급하는 계약을 맺었다. 이 같은 성과를 바탕으로 아랍에미리트, 오만 등 중동 시장을 비롯해 태국, 말레이시아, 인도네시아 등 동남아 시장 진출을 위해 주력하고 있다.

SK이노베이션 E&S의 인천 액화수소플랜트 (사진=SK이노베이션 E&S)

친환경 따라 커지는 ESS 시장

친환경 에너지를 생산하는 일 못지않게 중요한 건 에너지를 저장하는 일이다. 에너지저장장치(ESS Energy Storage System)는 태양광이나 풍력 등 친환경 에너지가 특정 기후와 시간에 따라 발전이 이뤄지는 간헐성을 보완하기 위한 장치이다. 생산된 전기를 저장했다가 전력 수요가 많거나 전기료가 비싼 시간대에 다시 사용할 수 있도록 도와준다. 예컨대 낮에 사용하지 못하고 남은 태양광 에너지를 밤에 사용하려면 에너지를 저장했다가 공급하는 구조가 갖춰져야 에너지 변동성을 완화할 수 있다.

ESS는 배터리, 배터리관리장치, 전력변환장치, 전력관리장치 등 4가지 핵심 구성 요소로 시스템이 운영된다. 배터리는 전력을 저장하는 역할을 하며, 배터리관리장치는 배터리의 안전과 수명을 최적화하고 과충전과 과방전을 방지하도록 도와준다. 전력변환장치는 배터리에 저장된 전력을 교류와 직류 등 계통 및 부하에 맞게 변환해 주는 역할을 한다. 이외에 전력관리장치는 전력 사용 계획에 맞춰 최적의 충전 및 방전 시점을 결정해 주는 두뇌와 같은 장치이다.

ESS는 차량용 배터리와 달리 고정형 설비이기 때문에 공간 제약이 크지 않다는 특성이 있다. 이에 따라 ESS는 에너지 밀도보다 단가 경쟁력과 수명, 열적 안정성 등이 우선 고려된다. 이러한 요건에 부합하는 게 '리튬 · 인산 · 철(LFP)' 배터리이다. ESS로 활용되는 LFP 배터리의 경우 '니켈 · 코발트 · 망간(NCM)' 배터리 대비 에너지 밀도는 낮은 편이지만 가격 경쟁력이 높고 양극재 결정 구조가 올리빈 계열로 구성돼 고온 환경에서 높은 내구성을 유지할 수 있다.

ESS는 친환경 에너지의 사용 증가에 따라 시간이 지날수록 활용이 확대될 것으로 예상된다. 시장조사업체 글로벌마켓인사이트에 따르면 글로벌 시장에서 지난해 ESS 시장 규모는 6,687억 달러로 집계됐다. 오는 2034년에는 글로벌 ESS 시장이 5조 1,200억 달러 수준으로 성장할 것으로 관측되고 있다.

북미 시장을 중심으로 ESS 시장이 급성장하면서 국내 업체들도 관련 시장에 진출하며 성과를 보여주고 있다. LG에너지솔루션은 2024년 친환경 에너지 사업을 전개하는 한화솔루션 미국 법인에 4.8기가와트시(GWh) 규모의 ESS 배터리 공급계약을 체결했다. 또 같은 해 미국 신재생 에너지 개발업체인 테라젠과 8GWh 규모의 ESS를 공급하는 계약을 맺었다. 2025년 6월에는 미국에서 ESS 전용 LFP 배터리 공장 가동을 본격 시작하며 연간 16.5GWh 규모의 생산능력을 확보했다.

'기후위기는 사기'라는 트럼프 대통령의 속내

도널드 트럼프 미국 대통령이 최근 열린 유엔 총회 연설에서 기후변화와 친환경 에너지에 대해 "역사상 전 세계 가장 많이 침투한 최대 사기극"이라고 주장했다. 트럼프 대통령은 "기온이 올라가든 내려가든 무슨 일이 일어나든 기후 변화가 이뤄진다. 더 이상 지구 온난화도 없고, 더 이상 지구 냉각도 없다"며 "그린 에너지 사기극에서 벗어나지 않으면 여러분의 나라는 부도가 날 것"이라고 강조했다.

트럼프 대통령은 미국의 제47대 대통령으로 부임하면서 친환경 에너지 활용에 역행하는 조치를 취했다. 취임 첫날 파리기후협정 탈퇴를 선언하며 파격적인 행보를 보인 것이다. 파리기후협정은 지난 2015년 프랑스 파리에서 열린 제21차 유엔기후변화협약 당사국총회(COP21)에서 195개국이 자발적으로 온실가스 감축 목표를 설정하고 기후변화 대응을 약속한 협약이다.

트럼프 대통령은 탄소 감축보다 자국 경제 · 산업 보호 우선을 지향하면서 이전 정부였던 조 바이든 행정부가 제정한 '인플레이션 감축법 IRA Inflation Reduction Act'에 담긴 친환경 에너지 투자 및 보조금 지원 정책을 후퇴시켰다. 친환경 에너지보다 화석 연료 활용을 장려하며 태양광 등 관련 친환경 에너지 세액 공제 혜택을 축소했다. 또 친환경 관련 연구 기술에 대한 예산을 축소하고 규제를 완화해 기업의 부담을 낮추는 데 주력해야 한다는 입장을 견지했다.

글로벌 공급망 편입 위해 에너지 전환 서둘러야

트럼프의 이 같은 주장과 정치적 행보는 정치적인 지지층을 결집하고 글로벌 시장에서 자국 이외에 다른 국가들의 친환경 기술 발전을 느슨하게 하기 위한 의도가 반영됐다는 분석이 나온다. 이미 애플이나 구글과 같은 미국 기업들은 온실가스 감축에 적극적으로 앞장서며 두각을 나타내고 있다. 애플은 오는 2030년까지 제품 제조에 투입되는 에너지를 100% 재생 에너지로 전환하기 위한 탄소중립 목표를 이행하고 있다. 또한 부품을 납품하는 업체에는 정기적인 탄소 배출량 보고를 요구하고 있다. 글로벌 협력사에 불소계 온실가스(F-GHG) 배출을 90% 줄이도록 요구해 합의를 이끌어내기도 했다. 구글 역시 2030년까지 공급망 탄소중립을 목표로 공급망 기업에 재생 에너지 사용 증명을 요구하고 있다.

전문가들은 글로벌 핵심 기업들이 친환경 에너지 위주로 정책을 전환하고 있는 가운데 공급망에 편입하려면 재생 에너지를 활용한 생산 체계를 하루빨리 갖춰야 한다고 지적한다. 재생 에너지 사용을 통해 탄소 감축을 증명하는 권리인 '탄소크레딧(탄소배출권)'을 확보하고, 탄소 잔여 배출을 상쇄해 글로벌 공급망에서 탄소중립을 인증해야만 글로벌 공급망에서 제외되지 않을 수 있기 때문이다.

탄소자산관리 전문기업 에코벨의 김소연 대표는 "미국에

있는 기업들은 이미 재생 에너지 전환에 선제적으로 나서면서 상당한 규모의 탄소크레딧을 가지고 있다"며 "한국은 전체 에너지에서 재생 에너지가 차지하는 비중이 10% 에 못 미치는 상황인데 그 비중이 50%까지만 올라와도 해외 수출 과정에서 탄소 배출 기준을 충족하기 위해 다른 국가로부터 탄소크레딧을 구매할 필요가 없게 될 것"이라고 말했다.

이어 "글로벌 시장에서 재생 에너지 사용 기준이 강화되면서 세계적으로 탄소크레딧의 가격이 올라갈 수밖에 없다"며 "그 과정에서 재생 에너지 전환이 늦어지면 한국은 더 큰 위기를 맞이할 수 있다"고 덧붙였다.

에코벨은 국내에서 자발적 탄소배출권 시장(VCM)에 첫 진출해 탄소자산관리 플랫폼 에코에셋(ecoASSET)을 개발한 업체이다. 에코에셋은 태양광, 풍력 등 재생 에너지 탄소 감축 데이터를 수집하고 해당 데이터를 디지털 탄소배출권으로 전환하는 시스템을 구축했다. 검증 과정을 거쳐 1t의 이산화탄소 감축당 1배출권을 발급해 주며, VCM 기반 탄소크레딧 구매 등을 ESG 보고서와 탄소중립 인증 등에 활용할 수 있다.

9.

클라우드

클라우드는 더 이상 단순한 IT 인프라가 아니다.
2022년 오픈AI의 챗GPT 등장 이후,
생성형 AI 시대를 활짝 연 클라우드는
이제 AI 혁신을 이끄는 핵심 기반으로 자리 잡았다.
사람처럼 자연스럽게 대화하고, 창의적인 콘텐츠를
단시간에 만들어내는 AI의 놀라운 능력 뒤에는
클라우드가 제공하는 막강한 컴퓨팅 자원이
있기 때문이다. 오픈AI의 샘 올트먼 CEO는
향후 GPU 100만 개를 구동하겠다는 야심찬 계획을
밝히며, AI 시대가 요구하는 천문학적인
컴퓨팅 자원 규모를 시사했다. 특히 오픈AI가
엔비디아와 계약해 앞으로 생산될 최첨단
그래픽처리장치(GPU) 400만~500만 장을 선점하고,
엔비디아가 오픈AI에 뉴욕시 전체 전력량에 맞먹는
10기가와트(GW)의 컴퓨팅 인프라를
지원하기로 한 것은 AI와 클라우드 간의
긴밀한 협력 관계를 보여주는 상징적인 사건이다.

AI 혁신의 근간, 이제는 '멀티 클라우드'가 대세

AI 기술 발전은 클라우드 인프라 시장을 폭발적으로 성장시키는 동시에, 클라우드 기업들이 자체 AI 반도체를 개발하거나 엔비디아 같은 GPU 제조사와 대규모 협력을 맺는 등 인프라 주도권 확보를 위한 치열한 경쟁을 가져왔다.

클라우드 기술 구조도 [출처=제미나이 AI 생성 이미지]

초기 클라우드가 온프레미스(자체 구축) 시스템을 단순히 클라우드로 옮기는 '리프트 앤 시프트(Lift and Shift)'에 집중했다면, 이제 기업들은 시스템 기획 단계부터 클라우드 환경을 고려하는 '클라우드 네이티브(Cloud Native)' 전략을 기본으로 삼고 있다. 이 과정에서 컨테이너화된 애플리케이션을 자동 배포, 확장, 관리하는 쿠버네티스(Kubernetes)가 핵심적인 역할을 수행한다. 쿠버네티스는 '마이크로서비스 아키텍처(MSA)'를 효율적으로 운영하게 해 서비스의 유연성과 확장성을 극대화한다.

흥미로운 점은 기업들이 특정 클라우드에 종속되지 않고 여러 클라우드(멀티 클라우드)나 온프레미스 환경을 병행

(하이브리드 클라우드)하는 전략을 가속화하고 있다는 것이다. 2025년 기준, 기업들은 클라우드 비용 효율성, 데이터 주권, 특정 서비스 활용 등 다양한 이유로 멀티 클라우드를 도입하고 있다.

글로벌 기업은 이미 멀티 클라우드를 핵심 전략화하고 있다. 금융 서비스 업계를 선도하는 피델리티는 아마존웹서비스(AWS), 마이크로소프트 애저(Azure), 구글 클라우드(Google Cloud) 등 여러 클라우드에 수천 개의 핵심 애플리케이션을 분산 배치했다. 이를 통해 특정 클라우드에 대한 의존도를 낮추고, 디지털 전환의 필수 요소인 민첩성과 확장성을 극대화했다. 또한 멀티 클라우드 전략으로 리스크를 분산하고 비용을 최적화하는 동시에 각 클라우드 서비스의 장점을 활용해 전반적인 성능을 향상시켰다.

글로벌 항공우주 기업인 에어버스는 AWS, 애저, 구글 클라우드를 혼합 사용하며 복잡한 제조 및 협업 프로세스를 효율적으로 관리한다. 이들은 AWS를 고성능 컴퓨팅(HPC)에, 애저를 엔터프라이즈 업무에, 그리고 구글 클라우드를 방대한 빅데이터 분석에 각각 활용한다. 각 클라우드가 가진 강점을 살려 복잡한 글로벌 생산망을 유기적으로 연결하고, 실시간 데이터 협업을 원활하게 만들어내고 있는 것이다.

글로벌 스트리밍 서비스 기업인 넷플릭스도 AWS와 구글 클라우드를 조합하여 서비스를 운영하고 있다. AWS는 콘텐츠 전송(CDN)과 전반적인 스트리밍 플랫폼을, 구글 클라우드는 방대한 사용자 데이터 분석 및 머신러닝 업무를 처리하는 데 주로 사용한다. 이러한 멀티 클라우드 접근은 특정 클라우드의 장애에 대비해 서비스의 연속성을 보장하고, 각 워크로드에 가장 적합한 클라우드를 선택해 최적의 비용 구조로 운영할 수 있게 한다. 넷플릭스는 멀티 클라우드를 통해 전 세계 사용자에게 고품질 스트리밍 서비스를 안정적으로 제공하고 있는 것이다.

액센츄어(Accenture)의 2023년 보고서에 따르면 유럽 기업의 84%가 데이터 주권을 핵심 과제로 인식하며, 51%가 이미 하이브리드 · 멀티 클라우드를 도입해 일반 개인정보보호법(GDPR), EU 데이터법 등의 규제에 대응하고 있다.

글로벌 기업 클라우드 활용 현황

기업	주요 사용 클라우드	활용 목적
피델리티	AWS, Azure, Google Cloud	• 특정 클라우드 의존도 완화 • 민첩성 및 확장성 극대화 • 리스크 분산 및 비용 최적화
에어버스	AWS, Azure, Google Cloud	• **AWS**: 고성능 컴퓨팅(HPC) • **Azure**: 엔터프라이즈 업무 • **Google Cloud**: 빅데이터 분석
넷플릭스	AWS, Google Cloud	• **AWS**: 콘텐츠 전송(CDN) 및 스트리밍 플랫폼 • **Google Cloud**: 사용자 데이터 분석 및 머신러닝

국내 상황도 비슷하다. 삼성SDS가 1,200개 국내 중견 및 대기업 재직자 1,200명을 대상으로 퍼블릭 클라우드 관련 설문조사를 한 결과 퍼블릭 클라우드를 도입한 기업 중 58%가 멀티 클라우드 전략을 운영 중이라고 답했다. 산업별로는 금융(63%), 리테일(61%) 분야에서 멀티 클라우드 비중이 높았다.

멀티 클라우드 환경에서 가장 많이 사용되는 업체는 AWS와 애저가 16%, AWS와 구글 클라우드가 5%였으며 AWS와 네이버 클라우드도 함께 사용되는 비율이 높았다.
멀티 클라우드를 채택한 이유는 △특정 워크로드에 적합한 클라우드를 선별하기 위해(43%) △특정 업체에 종속되지 않기 위해(42%) △업체별 강점을 조합해서 사용하기 위해(42%) △운영 비용을 최적화하기 위해(30%) △데이터 분산과 독립성 확보를 위해(24%) △재난 · 재해 복구 대비를 위해(23%) △클라우드 서비스 업체의 파트너 생태계 활용을 위해(16%) △지역별 규제 대응을 위해(14%)로 나타났다.
이처럼 공급자 종속성을 해소하고 비즈니스 연속성을 확보하려는 기업들의 노력은 2026년에도 계속될 핵심 트렌드로 예상된다.

국내 기업
멀티 클라우드
채택 이유

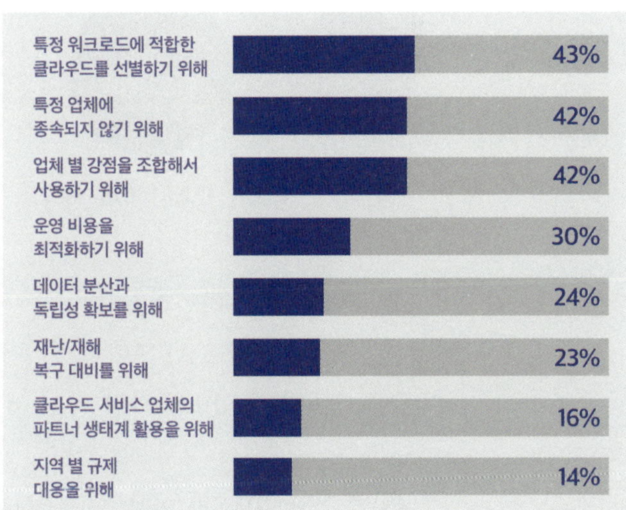

PaaS 시장의 폭발적 성장

클라우드 컴퓨팅 서비스는 인프라(IaaS), 플랫폼(PaaS), 소프트웨어(SaaS) 세 가지 유형으로 나뉜다. 이 중 생성형 AI 기술의 부상으로 가장 폭발적인 성장세를 보이는 분야는 바로 PaaS(서비스형 플랫폼) 시장이다.

글로벌 시장조사기관인 '포춘 비즈니스 인사이트(Fortune Business Insights)'에 따르면, 2024년 1,449억 1,000만 달러였던 글로벌 PaaS 시장 규모는 2025년 1,679억 3,000만 달러를 거쳐 2032년에는 5,059억 5,000만 달러에 달할 전망이며, 2025년부터 2032년까지 연평균 성장률(CAGR)은 17.1%에 이를 것으로 예측된다. 이처럼 PaaS가 빠르게 성장하는 배경에는 AI 개발 플랫폼, 데이터베이스 PaaS(DPaaS), 그리고 로우코드(Low-code) 개발 플랫폼에 대한 높은 수요가 있다.

글로벌 성장 PaaS 시장 성장 전망 (출처=포춘 비즈니스 인사이트)

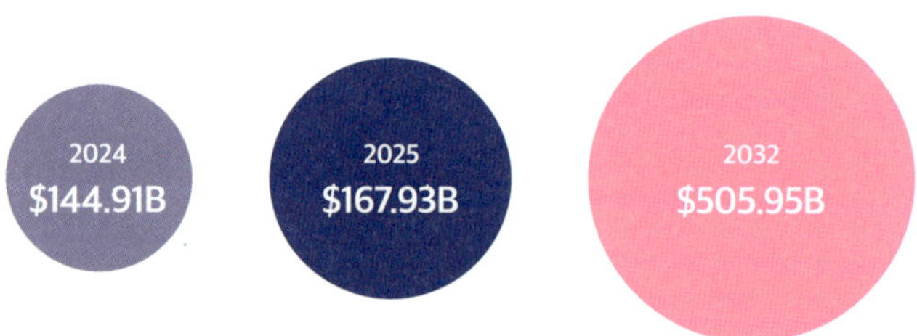

클라우드 서비스 사업자(CSP Cloud Service Provider)들은 사용자가 전문성 없이도 AI 모델에 데이터를 학습시켜 맞춤형 AI를 개발할 수 있도록 다양한 AI 개발 플랫폼을 제공하고 있다.

글로벌 CSP : AWS의 '아마존 베드록(Amazon Bedrock)',

구글 클라우드의 '버텍스 AI(Vertex AI)', MS의 '애저 AI 스튜디오(Azure AI Studio)'는 AI 개발의 허브 역할을 하고 있다.
국내 CSP : 네이버 클라우드는 초대규모 AI 모델인 '하이퍼클로바(HyperCLOVA) X'를 배포하고, KT, NHN, 카카오 등도 정부 사업에 참여하며 자체 AI 모델과 개발자용 에이전트 플랫폼을 선보이고 있다. 특히 이들 플랫폼은 멀티모달(Multimodal) AI 기능을 강화해 텍스트, 음성, 이미지, 영상 등을 융합 처리하는 서비스 개발을 지원하고 있다.
과학기술정보통신부와 한국지능정보사회진흥원(NIA)의 2024년 정보화 통계에 따르면, 국내 기업의 클라우드 서비스 이용률은 74.2%로 전년 대비 4.7%포인트 증가했다고 한다. 특히 교육, 금융, 기술서비스 업종에서 이용률이 높게 나타났다.
이런 가운데 국내 기업들은 클라우드 전략을 고도화하며 AI 시대에 대비하고 있다. SK그룹은 AWS와 협력해 6만 장 이상의 GPU를 갖춘 AI 클라우드 데이터센터를 울산에 구축 중이며, 신세계 그룹은 뉴타닉스(Nutanix) 기반 하이브리드 클라우드로 데이터 주권과 확장성을 동시에 확보했다.
국내 CSP 3사(네이버클라우드, KT클라우드, NHN클라우드)의 2024년 실적도 AI와 인프라 사업이 견인했다. 특히 네이버클라우드는 하이퍼클로바X 기반의 AI 사업과 공공사업 수주를 통해 영업 이익이 1,192%나 급증하며 흑자 전환에 성공했다. KT클라우드는 MS와의 협력으로 '시큐어 퍼블릭 클라우드'와 '한국적 AI'를 개발하며 멀티 클라우드 전략을 펼치고 있다. NHN클라우드는 광주 AI 데이터센터를 중심으로 AI 인프라 사업을 강화하며 공공부문 클라우드 전환 수요를 확보하는 데 집중하고 있다.

하지만 국내 기업들은 글로벌 빅테크 CSP들의 공공시장 진출이라는 새로운 도전에 직면했다. 아마존웹서비스(AWS), 마이크로소프트(MS), 구글 등은 한국 클라우드 보안인증(CSAP) 하등급을 취득하고, 2조 원 규모의 국가 AI 컴퓨팅 센터 사업 참여 의향을 밝히는 등 한국 시장 공략을 본격화하고 있다. 이에 국내 CSP들은 클라우드 기술력을 고도화하고 정부의 지원을 이끌어내는 등 글로벌 경쟁에 대한 대응책 마련에 분주한 상황이다.

획일적 망분리를 넘어선 '다층 보안' 시대

2025년, 한국의 클라우드 시장은 전례 없는 대격변을 겪고 있다. 수십년간 공공기관과 금융권의 혁신을 가로막았던 획일적인 망 분리 규제가 사라지면서 본격적인 클라우드 대전환 시대의 서막이 오른 것이다. 상대적으로 더디던 공공기관도 지난 9월 발생한 대전 국가정보자원관리원(국정자원) 화재 사고로 향후 클라우드 전환을 가속화할 전망이다.

2024년 말 정부는 공공기관 및 금융사의 클라우드 도입을 제약했던 망 분리 규제 완화를 지시했다. 이는 인공지능(AI)과 클라우드 기반 소프트웨어(SaaS) 같은 신기술 활용을 위해 반드시 넘어야 할 벽이었다.

국가정보원은 2024년 9월, 새로운 '국가 망 보안 정책 개선 로드맵(안)'인 다층 보안 체계(MLS) 도입 계획을 밝혔다. MLS는 업무의 중요도에 따라 시스템을 기밀(C), 민감(S), 공개(O) 등급으로 분류하고, 등급별로 차등적인 보안 통제를 적용하는 방식이다. 인터넷 단절 없는 업무 환경을 구현하면서도 보안을 강화한다는 것이 핵심이다.

이러한 규제 완화로 인한 가장 큰 변화는 글로벌 클라우드 서비스 사업자(CSP)의 시장 참여가 확대된 것이다. 2025년 기준, 마이크로소프트(MS), 구글 클라우드에 이어 세계 최대 CSP인 아마존웹서비스(AWS)까지 CSAP(클라우드 보안인증제) 하등급을 획득하며 국내 공공 시장 진출을 위한 발판을 마련했다. 특히 AWS는 인증 획득 불과 한 달 만에 80억 원 규모의 AI 연구용 컴퓨팅 지원 사업을 수주하는 등 빠르게 시장 안착에 성공하는 모습을 보였다.

하지만 CSAP 하등급을 넘어 중등급 이상까지 개방해야 한다는 미국의 요구(USTR 무역장벽 보고서)와 이에 대한 국내 업계의 반발이 이어지면서 공공 클라우드 시장을 둘러싼 불확실성은 여전히 남아 있다.

김민석 국무총리가 2025년 9월 27일 국가정보자원관리원 화재 현장을 점검하고 있다 (출처 =총리실)

2025년 9월, 대전 국가정보자원관리원 전산실에서 발생한 화재는 한국 사회에 막대한 충격을 안겼다. 단 한 곳의 데이터센터 화재로 정부 전산시스템 647개가 멈춰 서는 재난이 발생했기 때문이다. 화재의 원인은 리튬이온 배터리였지만, 사태를 키운 근본 원인은 정부의 부실한 재해복구(DR) 체계와 '액티브-액티브' 이중화 미비였다.

이러한 참사는 한 곳에 모든 것을 집중하는 중앙집중형 인프라의 위험성을 극명하게 드러냈다. 반면, 여러 지역의 데이터센터에 데이터를 분산하고 문제가 발생했을 때 즉시 다른 곳으로 기능을 전환하는 클라우드 기반 분산 아키텍처의 안정성이 부각되는 계기가 되었다. 화재 이후 정부는 직접 피해를 본 96개 시스템을 국정자원 대구센터의 민관협력형(PPP) 클라우드로 이전하는 작업을 추진하며, 민간 클라우드가 재난 대응의 실질적 대안임을 인정했다.

글로벌 빅3의 공세와 국내 CSP의 반격

과학기술정보통신부의 '2023년 부가통신사업 실태조사'에 따르면, 국내 민간 클라우드 시장은 AWS(60.2%)와 MS(24%)가 80% 이상의 점유율을 차지하며 압도적인 영향력을 보이고 있다. 이는 글로벌 시장 점유율(AWS 33%, MS 24%)을 크게 웃도는 수치로, 특히 AWS에 대한 높은 의존도를 보여준다.

이러한 외산 클라우드 서비스 사업자(CSP)의 공세 속에서 국내 CSP들은 각자의 강점을 내세우며 반격에 나서고 있다.

네이버 클라우드는 '소버린 AI(Sovereign AI)'를 중심으로 초거대 AI '하이퍼클로바X'의 경쟁력을 강화하고 있다. 네이버 클라우드는 정부의 'K-AI' 프로젝트에 도전하며 '옴니모달(Omnimodal)' 대형언어모델(LLM)을 고도화하고 있다. 또한 네이버 클라우드는 한국수력원자력(한수원)과 협력해 세계 최초로 원자력 산업 특화 AI 플랫폼을 구축하는 혁신을 추진하고 있다. 이외 태국어 기반 AI 에이전트 개발까지 국내외 다양한 분야로 사업을 확장하고 있다.

KT클라우드는 구독형 GPU 서비스와 공공 클라우드 공략에 이어 멀티 클라우드를 새 성장 동력으로 삼았다. 그룹사 외 클라우드서비스관리(MSP) 수주는 KT가 주도하고, KT클라우드는 클라우드서비스제공사(CSP)로서 역량을 강화하는 역할을 맡았다. 또한 AI 수요에 대응하기 위해 엔비디아의 최신 GPU에 투자하고 AI 전용 데이터센터를 확장하는 데 집중하고 있다.

NHN클라우드는 국내 CSP 중 가장 먼저 오픈스택 기반 클라우드 서비스를 시작했으며, 국가 AI데이터센터를 기반으로 공공 클라우드 시장에서 입지를 굳히고 있다. 특히 지난해 공공 클라우드 네이티브 전환 사업에서 가장 많은 사업을 수주하며 기술력을 입증했다.

또한 가비아는 국내 최초로 클라우드 기반 망 분리 및 위협관리시스템을 구축하고, 카카오엔터프라이즈는 자체 기술로 대규모 GPU 클러스터링을 구현하는 등, 중견 CSP들도 각자의 방식으로 시장을 공략하고 있다.

외산 CSP의 공공시장 진출이 본격화되면서, 국내 클라우드 산업 생태계 전반에도 변화가 일어나고 있다. 특히 IT 인프라의 복잡성이 커지면서 관리형 서비스 공급자(MSP Managed Service Provider) 의 역할이 더욱 중요해지고 있다. 2024년 기준 약 7조 원 규모로 추정되는 국내 MSP 시장은 2035년까지 꾸준한 성장이 전망된다.

메가존 클라우드, 베스핀글로벌 등 전문 MSP와 삼성 SDS, LG CNS 등 대기업 계열 MSP들이 시장을 주도하고 있으며, 이들은 단순 인프라 운영을 넘어 보안, AI, 데이터 분석 등 부가 서비스를 결합한 솔루션을 제공하며 경쟁력을 강화하고 있다.

이처럼 공공시장의 경쟁이 본격화되는 가운데, 클라우드 업계에서는 공공 정보시스템 서비스수준협약(SLA Service Level Agreement) 표준안과 같은 제도적 보완이 함께 이뤄져야 한다는 목소리가 커지고 있다. 더불어 클라우드 전환의 궁극적인 목표인 서비스 안정성 확보를 위해, 공공 부문에서도 민간 수준의 엄격한 SLA 기준을 도입해야 한다는 공감대가 형성되고 있다.

이제 한국의 공공 클라우드 시장은 낡은 정책의 틀과 오래된 인프라의 위험성을 동시에 벗어 던지고 있다. 민관이 함께 만들어가는 PPP Public Private Partnership 클라우드와 고도화된 기술 경쟁을 통해, 국민이 체감할 수 있는 안전하고 유연한 디지털 정부가 실현될 수 있을지 귀추가 주목된다.

배순민
KT AI 퓨처랩장

AI 산업 성패, 클라우드 전환 필수

"인공지능(AI) 산업의 성패는 결국 데이터가 얼마나 AI 친화적으로 바뀌어 있냐에 달려 있다. 따라서 클라우드 전환은 AI 사업의 필수 조건이다. 데이터가 클라우드에 올라가 있어야 접근성과 확장성이 확보되고, 앱 프로그래밍 인터페이스(API)를 통한 실시간 연계도 가능해진다." 배순민 KT AI 퓨처랩장은 AI 산업의 발전은 클라우드 전환 없이는 불가능하다고 강조한다.

AI 3대 강국의 선행 조건은 클라우드 전환

배순민 KT AI 퓨처랩장은 과학기술정보통신부가 마련한 'AI 3대 강국 조기 실현을 위한 민관 협력 방안' 논의 자리에서, AI 전환을 위해 무엇보다 국내 기업들의 클라우드 전환이 선행돼야 한다는 점을 지적해 주목을 받은 바 있다.

그는 "AI 모델을 위해서는 단순히 데이터를 저장하는 수준을 넘어, 표준화와 구조화가 이뤄져야 하며, API Application Program Interface를 통해 다른 시스템과 유기적으로 연결할 수 있어야 한다. 그래야 온프레미스 환경이든 클라우드 환경이든 AI 모델이 제약 없이 데이터를 활용할 수 있다"라고 설명했다.

이어 배 랩장은 "결국 데이터의 'AI 프렌들리화'와 클라우드 전환이 동시에 이뤄져야만 온프레미스와 API Application Program Interface의 정합성이 보장되고, AI 산업 전반이 제대로 작동할 수 있다. 실제로 생성형 AI를 도입한 많은 기업이 기존 시스템을 클라우드로 전환해 운영하고 있다"라고 말했다.

대규모 AI 모델 학습과 운영을 위해서도 클라우드는 필요하다. 배

랩장은 "대규모 AI 모델을 학습하려면 막대한 연산 자원과 데이터를 처리할 수 있는 인프라가 필요한데, 이를 기업이 자체적으로 구축하기는 쉽지 않다. 클라우드는 필요한 만큼 자원을 즉시 확보할 수 있고, 다양한 데이터를 실시간으로 통합 · 활용할 수 있는 환경을 제공하기 때문에 AI 기술 발전의 핵심 기반이 된다"라고 강조했다.

특히 배 랩장은 클라우드 기술 중에서도 보안과 데이터 프라이버시의 중요성을 말하며 "클라우드 기반의 AI 환경에서는 여러 주체가 같은 데이터를 공유하는 만큼, 정보 유출이나 오남용 위험이 뒤따른다. 그러나 안전성이 확보된 클라우드 환경이라면 데이터와 서비스를 여러 주체가 함께 안전하게 활용할 수 있고, 이는 AI 생태계의 확장과 기술의 실질적 적용을 촉진하는 핵심 요건이 된다. 결국 강력한 보안 체계와 데이터 보호 기술이 전제되어야 신뢰할 수 있는 AI 생태계가 만들어진다"라고 전했다.

배 랩장은 KT의 경험을 바탕으로, AI 사업 과정에서 가장 어렵고 도전적인 부분으로 클라우드 전환과 고객 경험(AX) 전환의 부족을 꼽았다.

그는 "글로벌 기업들이 빠르게 클라우드 기반으로 확장하는 상황에서, 우리도 보다 적극적인 전환이 필요하다. 기업별로 데이터가 파편화되어 있고 민감한 정보가 많다 보니 AI 모델 학습에 필요한 데이터를 원활히 확보하기 어려운 것도 큰 과제"라고 진단했다.

AX 산업 대전환 필요

또한 배 랩장은 한국 AI 산업의 도약을 위해서는 단순한 모델 개발 중심에서 벗어나 실제 적용으로 나아가는 'AX 산업 대전환'

이 반드시 필요하다고 전망했다. "AI 모델을 얼마나 잘 만들었는지보다 제조, 금융, 의료, 교육, 공공 등 산업 현장에서 실질적 성과와 변화를 만들어내는 것이 더 중요하다. 지금까지는 실증테스트베드(PoC Proof of Concept)나 시범사업에 머무는 경우가 많았지만 앞으로는 현장 중심의 적용과 확산으로 이어져야 한다"고 강조했다.

마지막으로 그는 책임 있는 AI 생태계의 조건으로. "데이터와 프로세스를 AI 친화적으로 정비하는 동시에 보안과 데이터 프라이버시를 철저히 보장하는 체계가 뒷받침돼야 한다. AI는 모델 자체가 목적이 아니라 산업을 혁신하는 도구이다. 지금이야말로 우리나라가 AX 대전환의 속도를 높여야 할 시점"이라고 덧붙였다.

10.

양자

2025년 노벨물리학상은 양자컴퓨터를 비롯,
미래기술의 기반을 마련한 존 클라크(John Clarke),
미셸 드보레(Michel Devoret), 존 마르티니스
(John Martinis)에게 돌아갔다. 유엔(UN)이 지정한
'세계 양자과학 및 기술의 해'에 이룬 쾌거로
이들의 수상이 더 뜻깊은 이유다. 양자 현상이
전자회로처럼 거시 세계에서도 제대로 구현될 수 있다는
것을 증명해 양자산업이 발전할 기반을 마련한
점을 노벨위원회가 높이 평가한 것이다.
이처럼 '얽힘'과 '중첩'을 활용하는 양자기술이
이론을 넘어 실제 산업에 적용되며 경제 · 사회 전반의
혁신 패러다임 전환을 이끌 '게임 체인저
(Game Changer)'로 주목받고 있다. 그 반증으로
미국을 비롯해 중국, 일본 등 전 세계 주요 국가들은
전략적으로 양자산업을 육성하고 있고,
구글 · IBM과 같은 글로벌 기업들도
양자기술 개발에 집중하고 있다.
과연 양자기술 패권을 노린 소리 없는 전쟁이
세상을 어떻게 바꿀 수 있을까?

100년 된 양자기술, 산업에 적용

100년 전인 1925년에 양자역학의 근간을 이루는 핵심 이론들이 등장했다. 독일 물리학자 베르너 하이젠베르크(Werner Karl Heisenberg)는 미시 세계의 양자역학을 설명하는 불확정성 원리의 기본이 되는 '행렬역학' 아이디어를 제시했다. 같은 해 오스트리아의 물리학자 에르빈 슈뢰딩거(Erwin Schrödinger)가 양자역학의 핵심인 '슈뢰딩거 방정식'을 완성하면서 핵심 이론들이 정립됐다.

양자역학은 기본적으로 원자와 아원자(양성자, 중성자, 전자)처럼 아주 작은 물질이나 에너지가 어떻게 움직이고, 상호작용하는지를 설명하는 물리학의 한 분야로, '중첩', '얽힘'과 같은 원리를 활용하면 기존 기술로는 불가능했던 새로운 기능과 성능을 발휘할 수 있다.

100년이 넘는 기간 동안 양자역학의 연구는 나노 단위처럼 미세한 물질을 제어하는 기술로 발전을 거듭했고, 현재는 양자적 특성이 실제 경제적 가치를 창출하는 방식으로 응용되고 있다. 글로벌 산업 주도 컨소시엄인 양자경제개발컨소시엄(QED-C Quantum Economic Development Consortium)이 발표한 '세계 양자 산업 현황 보고서(2025년)'에 따르면 현재 양자컴퓨팅 산업은 연간 10억 달러 이상의 수익을 창출하고 있고, 약 20만 명의 종사자가 활동 중이라고 한다. 양자컴퓨팅, 센싱, 네트워크, 보안 등 양자 경제는 아직 초기 단계에 머물러 있지만 전 세계 각국의 양자 분야에 대한 연구개발 투자, 인공지능과 양자기술의 결합, 과학적 진보 등이 더해지며 점점 더 실질적 응용을 위한 접근이 이뤄지고 있다는 것이다.

노벨위원회도 주목한 양자기술

양자기술이 이론에서 산업에 적용되며 인류에 영향을 주자 스웨덴 왕립과학원 노벨위원회도 양자기술에 주목했다. 2022년 노벨물리학상은 양자역학의 저명한 과학자인 알랭 아스페(Alain Aspect), 존 클라우저(John Francis Clauser), 안톤 차일링거(Anton Zeilinger)가 받았다. 이들은 양자 '얽힘'에 관한 이론과 실험에서 돌파구를 마련했다는 점을 높이 평가받았다.

3년 뒤 노벨위원회는 다시 양자 분야 연구 업적에 주목했다. 2025년 노벨물리학상을 수상한 존 클라크, 미셸 드보레, 존 마르티니스는 양자컴퓨터 중심의 산업 응용 기반을 마련했다. 양자컴퓨터는 일반 컴퓨터보다 30조 배 이상 빠른 연산이 가능한 것으로 알려졌다.

이들이 마련한 양자기술은 양자컴퓨터부터 센서 등 다양한 분야에 적용된다. 양자 특성을 이용하면 슈퍼컴퓨터로 100만 년 이상 걸리는 문제가 양자컴퓨터로는 평균 10시간, 빠르면 1초에 처리할 수 있다고 한다. 특히 전력 효율이 높아 전략소모량을 현재 30MW에서 600분의 1 수준의 0.05MW로 파격적 감소가 가능하다.

양자기술은 보안성이 우수하다. 누군가 도청을 시도해 정보를 가로채려고 하면 비누 거품 터지듯 신호 체계가 붕괴되고 만다. 특정한 패턴 없이 무작위로 암호화할 수 있기 때문에 해커가 침입하면 곧바로 탐지한다. 그리고 더 이상 해커가 뚫지 못하게 '철통보안'을 유지한다고 한다. 이 때문에 통신망과 연결되는 양자기술은 5G · 6G(세대) 이후 해킹 위험을 차단할 핵심 기술로 주목받고 있다.

슈퍼컴퓨터보다 빠른 처리, 해커도 못 뚫는 보안 기능을 가지게 된 것은 양자 고유의 특성 때문이다. 현재 컴퓨터는 0과 1의 이진법에 따라 '비트(Bit)'로 처리 능력이 표현된다. 반면 양자컴퓨터는 '중첩', '얽힘'과 같은 고유의 특성에 따라 이진법을 벗어난 연산을 할 수 있다. 이 같은 특징은 앞으로 양자기술이 미래 산업 생태계를 바꿀 것이란 기대를 만들고 있다. 100만 년 이상의 시간을 빠르면 1초로 단축시킬 수 있는 양자컴퓨터가 나오면 전 지구적 문제를 해결할 수 있기 때문이다. 오래 가는 전기차 배터리, 불치병을 치료하는 신약 개발, 인공지능(AI) 고도화, 급변하는 시장에 대비한 금융 신상품도 개발할 수 있다.

양자전략위 출범, 양자 산업화 추진

우리나라는 2025년을 기점으로 양자 산업화를 위한 정책을 본격 추진하고 있다. 지난 2023년 6월 '대한민국 양자과학기술 전략'을 통해 국가 양자과학기술 전략을 발표했다. 같은 해 10월에는 '양자과학기술 및 양자 산업 육성에 관한 법률(양자기술산업법)'이 제정됐다.

그 결과, 2025년부터는 양자 산업 육성이 본격화되고 있다. 이후 양자과학기술정책을 위한 최상위 기구인 양자전략위원회가 출범했으며, '퀀텀 이니셔티브' 지속 이행을 위한 10대 핵심 추진 과제를 제시하기도 했다.

과학기술정보통신부에 따르면 우리나라는 미국, 중국 등 양자기술 선도국 대비 기술, 인력 수준 등에서 뒤처져 있지만 2035년까지 그 격차를 줄이는 것을 목표로 하고 있다. 현재 양자과학기술 수준은 미국 등 최선도국 대비

62.5% 수준이지만 2035년에는 85%까지 달성할 계획이다. 핵심 인력과 양자 분야 종사 인력이 각각 384명, 1,000명에 불과한데, 이를 2,500명과 1만 명 수준으로 확대할 방침이다. 또한 같은 기간 양자 시장 점유율은 1.8%에서 10% 수준으로, 양자기술 공급 · 활용 기업은 80개에서 1,200개로 확대할 계획이다.

분야별로는 2035년까지 △핵심 인력 2,500명 △양자컴퓨터 상용화 △전국망 기반, 양자인터넷 시범 구축 △양자센서로 양자산업 기반 마련 △민간 전문 생산 양자팹 확산 계획이 예정되어 있다.

양자 경제 실현을 위한 3단계 발전 전략

이를 위한 양자 산업 생태계 기반도 속속 마련되고 있다. 우선 양자기술산업법에 따라 국무총리를 위원장으로 하는 양자전략위원회가 설치되고, 양자종합계획 수립부터 연도별 시행계획 등을 수립하게 됐다.

양자경제 실현을 위한 3단계 발전 전략

<table>
<tr><th></th><th>1단계 : 2023 - 2027
양자센서·양자암호
통신 산업화 촉진</th><th>2단계 : 2028 - 2031
양자컴퓨팅 시스템 및
서비스 국산화</th><th colspan="2">3단계 : 2032 - 2035
글로벌 양자
일류 국가 도약</th></tr>
<tr><td>핵심인력(누적)</td><td>700</td><td>1,400</td><td colspan="2">2,500</td></tr>
<tr><td>양자컴퓨팅</td><td>50큐비트급 양자컴퓨터
구축 및 클라우드 서비스 개시</td><td>초전도/중성원자 양자
컴퓨터 시스템 구축(풀스택)
및 클라우드 서비스 개시</td><td>양자컴퓨터
상용화</td><td rowspan="3">양자
기기
(양자컴퓨팅-
통신-센서 간)
연계
실증</td></tr>
<tr><td>양자통신</td><td>양자네트워크 요소기술
개발(양자전송, 양자메모리
원천기술)</td><td>도시 간 양자 네트워크
초기 실증 (양자 메모리 기반
양자 중계기 시작품)</td><td>전국망 기반
양자인터넷
시범 구축</td></tr>
<tr><td>양자센서</td><td>이차전지 등 첨단산업 활용
양자센서 상용화</td><td>국방/의료/반도체 활용
세계 최고 수준 양자센서
융복합시스템(시작품) 개발</td><td>양자센서로
양자산업
기반 마련</td></tr>
<tr><td>인프라</td><td>권역별 공공 개방형 양자팹
확충 및 공공인력 집중 양성
(연구자 직접 사용)</td><td>공공 전문생산 양자팹
(파운드리) 구축·운영</td><td colspan="2">민간 전문생산 양자팹
(파운드리) 확산</td></tr>
</table>

조금씩 기술도 확보하고 있다. 양자컴퓨팅 분야에서는 50큐비트급 양자컴퓨터를 개발 중이며, 100km급 양자정보

전송 시연에 성공한 세 번째 국가가 됐다. 양자센서도 기존 센서 대비 정밀도를 10배 수준으로 높였다.

연구개발(R&D) 삭감 후폭풍을 딛고 양자 분야에 대한 투자도 확대된다. 2024년(1,285억 원) 대비 54.1% 증액된 1,981억 원(2025년)이 편성돼 24개 사업에 투자된다. 분야별로는 양자컴퓨팅(479억 원), 양자통신(377억 원), 양자센서(209억 원), 양자공통기술 (56억 원) 등 R&D에 총 1,120억원을 투자한다. 이외에도 인프라(417억 원)와 국제협력(444억 원)에 투자할 예정이다. 후발주자인 만큼 선진국과 협력해 기술 고도화도 본격화할 예정이다. 현재 유럽, 미국, 아시아태평양 지역에 협력 거점을 확대하고, 국제 공동연구실을 늘리며, 대학 간 협력 플랫폼도 구축해 신규 프로젝트들을 추진하고 있다.

양자 시뮬레이션, 양자통신 등 실사용 사례 등장

양자기술에 투자가 이어지면서 기업, 기관 등은 합종연횡하며 실질적인 이용 사례 발굴에 나서고 있다. 양자컴퓨터 분야에서는 아이온큐와 아스트라제네카, 아마존웹서비스, 엔비디아가 양자컴퓨팅과 바이오 과학 전문성을 결합해 혁신 신약 개발을 위해 협력하며 양자 계산화학 워크플로우를 발표했다. 이들은 소분자물질 기반 신약 합성 시뮬레이션을 진행한 결과, 기존 알고리즘 대비 20배 수준의 연산 이득을 달성했다.

도시바와 HSBC, BT그룹은 양자통신 분야에서 협력을 확대해 지난 2023년부터 양자 암호화 기술 시험을 진행 중이다. 특히 도시바와 BT는 공동 개발한 양자 메트로 네트워크를 활용해 금융기관 간 거래의 보안성을 강화하는 사용 사례 실험을 하고 있다. HSBC는 이 네트워크를 기반으로 안전한 금융거래, 화상통화, 엣지 컴퓨팅 등 다양한 금융 분야에서 기술 활용을 모색하고 있다.

양자센서 분야에서는 샌드박스AQ와 미국 공군의 협력이 눈길을 끈다. 샌드박스AQ는 인공지능(AI)과 양자물리학 기술을 결합해 지구 자기장을 감지하고 양자 센서 신호를 분석하는 AI 소프트웨어를 개발했다. 이를 기반으로 GPS 없이도 실시간 위치 파악을 해주는 양자항법 시스템을 만들었다. 이 시스템은 미국 공군 군용 수송기인 C-17에서 시험한 결과, 총 200시간의 비행과 40회 이상의 출격 횟수를 기록했다.

우리나라 기업들 간 협력도 활발하다. 양자컴퓨팅 분야 큐노바컴퓨팅과 메가존클라우드, IQM은 정밀도와 계산량을 1,000배씩 높인 화학계산을 진행했다. 동시에 리튬황화물, 황화수소, 암모니아 등 에너지 계산에서 생기는 오차를 줄이는 실험도 진행했다. 양자통신과 양자센서 분야도 마찬가지이다. KT는 코위버 등과 협력해 양자 보안망을 검증했고, 신한은행 내부망으로 본점과 강남 별관 구간에서 하이브리드형 보안망을 시험하며 데이터 송수신 지연 시간을 줄이는 데 성공했다.

한국표준과학연구원은 초전도양자간섭소자(SQUID)로 인체 미세 자기장을 정확하게 측정할 수 있는 의료 진단기기를 개발하고, 개발한 양자센서를 AMCG에 기술 이전해 미국 FDA 승인을 받고, 임상시험을 실시하고 있다.

김용수
한국과학기술연구원, 양자기술연구단장

AI와 양자의 협력, 그 무궁무진한 시너지

"양자와 인공지능이 결합되면 큰 시너지가 생길 것이다. 인류의 기대보다 양자 상용화가 더딘 것은 맞지만 AI와 결합해 실사용 사례들을 보여주면서 상용화가 진전되길 기대한다." 김용수 한국과학기술연구원(KIST) 양자기술연구단장은 최근 화제의 중심인 AI와 양자의 연계에 대해 이같이 설명했다.

챗GPT와 같은 생성형 AI의 확산에 따라 전력 수요가 급증하면서 데이터센터 건설의 필요성이 커지고 있다. 동시에 전력 효율을 높인 칩에 대한 관심 또한 커지는 상황이다. 양자기술은 특정 분야에서 슈퍼컴퓨터가 해결하지 못하는 문제를 단시간 내 해결해주고, 반도체 칩에 적용돼 전력 효율을 높일 수 있는 기술이다. 김 단장에 따르면 양자컴퓨터 개발과 활용이 IBM, 구글 등 글로벌 기업을 중심으로 확산되고 있다고 한다. 최근에는 사이퀀텀과 자나두처럼 광학 기술을 기반으로 양자 오류 기술 해결 가능성을 제시한 연구들이 나오면서 다시 한번 양자컴퓨터의 가능성을 보여주고 있다.

그럼에도 해결해야 할 과제가 적지 않다. 먼저 당장은 슈퍼컴퓨터가 우수한 성능을 보여주고 있기 때문에 양자컴퓨터로의 대체가 쉽지 않다. 양자통신에서 제어 부문도 기술적으로 어려운 부분이다. 김 단장은 현재 양자컴퓨터를 마치 브레이크가 없는 빠른 차로 비유해 설명했다. 김 단장은 "현존 양자컴퓨터로도 기존 컴퓨터가 흉내내지 못하는 계산을 해낸다는 점에서 의미가 있다"

면서도 "글로벌 기업들이 상용화가 가능한 부분에 초점을 맞추고 있고 양자 시뮬레이션과 같은 화학 계산 등에서 하이브리드형 연구들이 나오면서 활용사례를 만들고 있는 상황"이라고 진단했다. 또한 앞으로 양자컴퓨터가 발전하기 위해선 양자 알고리즘, 양자 데이터 기술이 더 발전해야 한다고 말했다. 양자컴퓨터는 고전컴퓨터를 기반으로 양자컴퓨터를 모방하는 '퀀텀 인스파이어드 알고리즘'이기 때문에 양자 알고리즘을 새로 확보하고, 이에 맞는 양자 데이터를 만드는 방법도 찾아야 한다고도 덧붙였다.

양자컴퓨터에 대한 지나친 기대는 경계

김 단장은 또 양자컴퓨터에 대한 대중의 지나친 기대감도 경계해야 한다고 조언했다. 미국 양자 기업의 시가 총액이 지나치게 크기 때문이다. 김 단장은 "양자컴퓨터가 발전하는 것엔 동의하지만 (국민 기대 수준보다 속도가 느려) 조심스럽다"며 "양자컴퓨터를 구현한다고 했을 때 기존 슈퍼컴퓨터에 쓰던 고전 데이터를 양자 데이터로 바꿀 것인지에 대한 논의도 해야 한다"고 말했다. 더불어 "광학, 통신, 센싱 등이 한꺼번에 발전할 수도 있다"고 설명했다.

김 단장은 마지막으로 양자와 AI가 결합하면 더 많은 활용사례들이 나오고 시너지 또한 클 것이라고 강조했다.

"양자와 AI는 모두 정해진대로 움직이는 게 아니라 확률적인 접근을 한다. 양자만큼 AI와 결합해 시너지를 낼 수 있는 분야는 없다"고 설명했다.

김 단장은 최근 연이은 해킹 사고와 관련해서도 양자가 근본적인 해결책이 될 수 있다고 내다봤다. "양자 보안은 이미 생활에서 쓰는 기술로 물리계층을 하나 더 마련해 암호 체계를 근본적으로 강화할 수 있다"며 "국내 통신사들도 이 기술을 적용하고 있지만 더 적극적으로 기술을 도입했으면 한다"고 조언했다.

끝으로 김 단장은 최근 정부가 AI와 양자에 대해 많은 관심을 갖고 있는 만큼 앞으로 선진국을 빠르게 따라잡고, 국내 대기업들의 관심도 확산되길 기대했다. 김 단장은 "우리나라가 선진국 대비 뒤처졌다는 지표가 있지만 미국, 중국 등 국가들도 쉽지 않은 상황"이라며 "물론 미국은 자본주의, 중국은 사회주의를 기반으로 대규모 투자를 하는 부분이 있어 우리나라가 이에 맞춰 대응하기 쉽지 않다. 하지만 앞으로 대기업이 참여하고, 역량을 결집해 나간다면 충분히 승산이 있다"고 말했다.

PART 03

미래의 삶

11. XR

12. 액체생체검사

13. SMR선박

14. 에너지 고속도로

15. 지속가능항공유(SAF)

11.

XR

우리가 지금까지 사용해온 인터넷은 웹페이지와 애플리케이션을 중심으로 작동하는 2차원 평면형 정보 네트워크였다. 사용자는 스마트폰이나 모니터 화면 속에서 텍스트, 이미지, 영상 등을 보는 방식으로 정보를 소비했던 것이다. 이처럼 인터넷 경험은 늘 하나의 '화면 창' 안에서 이뤄졌다. 하지만 XR(확장현실)의 등장은 인터넷이 평면에서 '공간'으로 확장되는 변화를 예고하고 있다. XR은 AR(증강현실), VR(가상현실), MR(혼합현실)을 아우르며, 현실 위에 디지털 정보를 겹치거나 완전히 새로운 가상 세계를 구성해 사용자가 정보를 직접 경험하도록 한다.

화면의 인터넷에서 공간의 인터넷으로

지난 10월, 서울 코엑스몰에서 네이버 지도 'AR 길안내'를 실행했을 때의 일이다. 스마트폰 카메라 화면 속 현실 공간 위에 3D 화살표와 유도선이 실시간으로 중첩되며 길을 안내한다. GPS가 약한 실내에서도 공간 스캔 기술 덕분에 자연스럽게 경로가 제시됐고, 사용자는 단순히 화면의 지도를 읽는 것이 아니라 공간 속에서 안내를 따라 걸으며 정보를 체험할 수 있다.

서울 코엑스몰 내에서 네이버지도 'AR 길안내'를 실행해보니 카메라로 주변을 스캔해 목적지까지 현실 공간 위에 이동 방향이 표시되며 길 안내를 해준다. (사진=이소현 이데일리 기자)

이처럼 XR 기반의 '공간형 인터넷'에서는 더 이상 화면이 중심이 아니다. 눈앞의 현실 공간 전체가 하나의 인터페이스가 되며, 사용자의 움직임 자체가 상호작용의 일부가 된다. 시각 인식, 손 · 눈 · 머리의 움직임 추적, 공간 센싱 기술이 결합되면서 사용자는 가상의 물체를 직접 집어 올리거나, 현실 위에 덧입혀진 정보를 활용해 즉각적으로 의사결정을 내릴 수 있게 된다. 이런 변화는 산업 전반에서 감지된다. 3D 공간 안에 지도가 펼쳐지고, 교실 안에서 재현된 전투 장면을 보며 역사 수업을 들을 수 있다. 쇼핑은 가상 피팅룸에서 옷을 입어 본 뒤 바로 결제하는 형태로 진화하고, 의료 분야에서는 수술 시뮬레이션을 통해 환자의 불안을 완화하는 사례가 등장했다.

글로벌 증강현실(AR) 가상현실(VR) 시장 규모 전망 (자료=스태티스타)

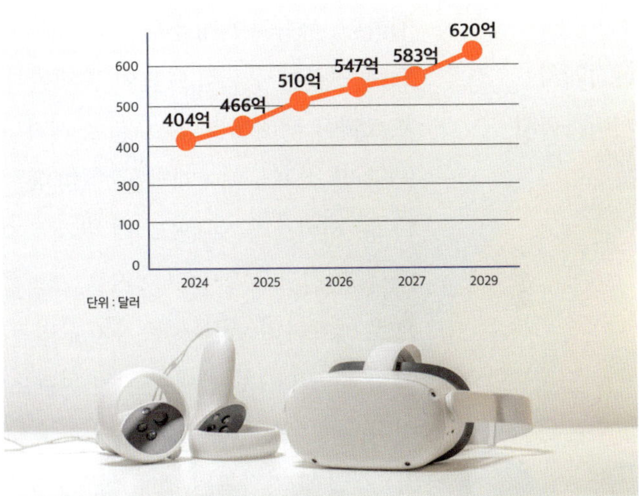

물론 넘어야 할 벽도 존재한다. XR 기기의 가격과 무게, 해상도 문제는 여전히 부담 요소로 남아 있다. 또한 과도한 몰입으로 인한 현실 단절, 청소년 중독 문제 같은 윤리적 이슈도 함께 논의되어야 한다. 개인정보와 위치 정보

등 민감 데이터를 다루는 만큼 보안과 프라이버시 기준도 더욱 정교하게 마련되어야 할 것이다. 그럼에도 불구하고 XR은 분명히 '보는 인터넷'에서 '체험하는 인터넷'으로 가는 관문이 되고 있다. 정보는 더 이상 URL로 호출되는 텍스트가 아니라 현실 공간 위에 펼쳐지는 경험으로 재구성되며, 인터넷은 단순한 검색 도구에서 실제 행동을 유도하는 '공간형 가이드'로 진화하고 있는 것이다.

XR 소프트웨어 생태계의 4단 구조, 엔진에서 서비스까지

XR(확장현실) 생태계는 단일 기술이나 계층만으로 이루어지지 않는다. XR 콘텐츠가 제작되고, 이를 기기에서 실행하며, 사용자에게 전달되는 과정에 여러 층위가 유기적으로 연결된 구조적 흐름이 존재한다. 일반적으로 XR 소프트웨어 생태계는 ① 콘텐츠 제작 엔진 → ② 운영체제(OS) 및 소프트웨어개발툴킷 (SDK) → ③ 런타임과 표준 → ④ 서비스 및 콘텐츠, 네 단계로 이해할 수 있다. 이는 다시 '엔진으로 만들고, OS로 기능을 열고, 표준 런타임으로 배포하며, 서비스로 가치를 만든다'라는 흐름으로 요약할 수 있다. 첫 번째 층위인 콘텐츠 제작 엔진은 XR 경험이 설계, 구현되는 출발점이다. 유니티(Unity)는 실시간 3D 개발에 최적화된 크로스플랫폼 엔진으로 XR 콘텐츠 제작에 가장 널리 활용된다. 언리얼 엔진(Unreal)은 영화 수준의 고품질 그래픽을 구현할 수 있어 몰입형 VR · MR 경험을 제작할 때 선호된다. 고도(Godot)는 오픈소스 기반의 경량 엔진으로 독립형 개발 환경을 선호하는 인디 개발자들이 주로 사용한다. 로블록스(Roblox)는 제작 엔진이자 사용자 생성 콘텐츠(UGC) 기반 소셜 플랫폼으로 확장되어, 하나의 XR형 메타 생태계를 형성하고 있다.
두 번째 층위는 OS 및 SDK 영역이다. 이 단계에서는 XR 기기 제조사들이 공간 인식과 상호작용 기능을 개발자에게 개방한다. 삼성과 퀄컴 기반 XR 기기들은 구글이 주도하는 Android XR 생태계를 활용하며, 애플은 visionOS를 통해 자사 MR 기기 전용의 공간형 UI/UX 환경을 제공한다. 메타는 Meta Quest 기반 Horizon OS를 타 제조사에도 개방하기 시작하여 XR 운영체제의 개방형 생태계를 구축하고 있으며, 퀄컴은 Snapdragon Spaces SDK를 통해 손 추적, 시선 인식, 패스스루, 공간 앵커링 등 다양한 센싱 기능을 통합적으로 제공하고 있다. 이 층은 '기기의 능력을 개발자에게 전달하는 단계'로 볼 수 있다. 세 번째 층위는 런타임과 표준 영역이다. 이 구조 덕분에 XR 애플리케이션은 특정 운영체제나 제조사에 종속되지 않고 여러 기기에서 실행될 수 있다. WebXR 런타임은 웹 브라우저만으로 XR 콘텐츠를 실행할 수 있도록 하며, 앱 설치 없이도 체험형 콘텐츠 접근이 가능하게 한다. OpenXR은 하드웨어와 OS에 관계없이 동일한 방식으로 XR 기능을 호출할 수 있도록 API(응용프로그램 인터페이스)를 표준화했다. 특히 이것은 산업 및 국방 분야에서 상호운용성을 확보하는 핵심 기반으로 활용되고 있다. 이러한 표준화는 XR 콘텐츠의 이식성과 호환성을 크게 향상시킨다고 볼 수 있다. 마지막 층위는 서비스 및 콘텐츠 단계이다. 이 영역에서는 XR이 사용자의 실제 경험과 맞닿는 지점에서 가치를 창출한다. 예를 들어 VR 기반의 공연과 전시, 디지털 트윈 기반 도시 시각화, 직무 훈련용 교육 시뮬레이션, 실시간 XR 스트리밍, 가상 피팅룸이 적용된 몰입형 커머스, 로블록스나 VRChat과 같은 소셜 XR 플랫폼 등이 이에 해당한다. 이 단계에서는 콘텐츠의 존재 그 자체보다 사용자의 몰입도, 상호작용의 자연스러움, 반복 사용 여부가 성패를 좌우한다. 결국 XR 생태계는 제작 기반, 기기 인터페이스, 실행 환경의 호환성, 마지막으로 사용자 경험이라는 네 단계를 통해 완성되는 흐름으로 이뤄져 있다고 볼 수 있다. 이러한 구조를 이해하는 일은 단순한 기술 분류를 넘어, XR 시장의 경쟁력이 어떤 층위에서 형성되고, 어디에서 혁신이 발생하는지를 파악하는 데 중요한 출발점이 된다.

메타 · 애플 주도 시장에 삼성전자 '갤럭시 XR' 합류

AI(인공지능)와 결합한 XR(확장현실) 기술은 'CES 2025'를 시작으로 전 세계에 빠르게 확산되고 있다. 이어 열린 'MWC 2025'에서도 XR은 가장 주목받는 기술로 꼽혔다. 또한 메타와 애플이 주도하던 글로벌 경쟁 구도에 삼성전자가 '갤럭시 XR'로 합류하며 국내 XR 산업에도 새로운 흐름이 형성되고 있다. 퀄컴은 도시 형태의 전시 공간에서 혼합현실(MR) 헤드셋 '메타 퀘스트 3'을 활용한 체험을 선보였고, 참가자가 헤드셋을 착용하면 모형 위로 불빛이 켜지고 허공에 제품 이미지가 떠오르는 장면을 구현했다. NTT도코모는 'NTT XR 리얼 서포트' 기술로 시야 공유 경험을, 대만 HTC는 가상 공간을 자유롭게 이동할 수 있는 웨어러블 XR 기술을 공개했다. 현재 글로벌 XR 시장은 애플과 메타가 주도하고 있다. 애플은 '비전 프로(Vision Pro)' 후속 모델을 준비 중이며, 메타는 오큘러스 인수 이후 퀘스트 시리즈로 약 70%의 시장 점유율을 유지하고 있다. 이런 가운데 삼성전자는 '갤럭시 XR'로 새로운 승부수를 띄웠다. AI와 XR을 결합한 차세대 헤드셋으로 손짓 · 시선 · 음성을 동시에 인식해 현실과 가상을 자연스럽게 연결한다. 구글 '제미나이' AI를 탑재해 지도 탐색, 영상 감상, 게임 실행 등을 3D 공간에서 구현하며, 운영체제는 '안드로이드 XR'로 유튜브, 구글맵, 플레이스토어를 그대로 지원한다. 삼성은 "갤럭시 XR이 모바일 AI 생태계를 한 단계 확장할 것"이라고 밝혔다.

모델들이 삼성전자 '갤럭시 XR'을 착용하고 체험해 보고 있다. 갤럭시 XR은 삼성전자, 구글과 퀄컴이 함께 만든 첫 고성능 XR 기기다. 헤드셋을 착용하고 눈동자와 손, 목소리로 기기를 제어할 수 있다. (사진=삼성전자)

국내 XR 산업이 삼성전자의 '갤럭시 XR' 출시를 계기로 본격적인 전환점을 맞고 있다. 삼성은 어도비, 네이버,

MLB TV 등과 협력해 XR 전용 콘텐츠를 개발하고 있으며, 노태문 삼성전자 사장은 "XR 기기에 최적화된 오리지널 콘텐츠를 만들기 위해 다양한 기업과 협력하고 있다"고 밝혔다. 그동안 제한적 보급으로 정체됐던 국내 XR 시장에는 스타트업 중심의 활력이 일고 있다. '스페이셜'은 VR게임 '애니멀컴퍼니'로 메타 퀘스트 최고 수익 게임에 올랐고, 스토익엔터테인먼트는 전략 게임 '에입스 워페어'를 개발 중이다. 뉴메틱은 혼합현실 기반 게임 '히든픽쳐스 : 에이전트 Q'를 메타스토어에 정식 출시했다. 콘텐츠 경쟁도 치열하다. 네이버는 '치지직 XR'을 통해 실시간 방송, K-팝 공연, 버추얼 스트리머 콘텐츠를 제공하며, 자체 제작 인프라 '비전스테이지'와 '모션스테이지'를 활용해 3D 실감형 콘텐츠 생태계를 확장하고 있다. 또한 '프리즘 라이브 스튜디오'와 버추얼 아이돌 육성 스타트업 '스콘' 투자 등을 통해 XR 플랫폼 구축을 가속화하고 있다.

XR 전문기업 스코넥은 삼성글로벌리서치와 함께 생성형 AI를 활용한 영어 학습 및 토론용 XR 앱을 개발 중이며, 스토익은 AI 아바타 기반 교육 콘텐츠를 준비하고 있다. SOOP은 버추얼 스트리머를 위한 모션 캡처 스튜디오와 VR 맵 제작을 지원하며 'SOOPER MATCH' 등 자체 버추얼 콘텐츠를 강화하고 있다. 전문가들은 "갤럭시 XR은 버추얼 스트리머 생태계 확장의 기폭제가 될 것"이라면서도 "콘텐츠 제작비 부담을 줄이고, 삼성전자가 XR 전용 이벤트와 지원 프로그램을 병행해야 시장이 빠르게 성장할 것"이라고 전망했다.

대한민국 1등 포털, 네이버의 XR 전략

네이버는 '제페토'에 이어 자체 XR 플랫폼을 육성하며 기술과 수익 구조를 통합했다. 지난 10년간 약 14조 원을 투자해 디지털 트윈, XR, 결제, 스트리밍을 아우르는 생태계를 구축했다. 핵심 기술은 네이버랩스의 'ALIKE'이다. 항공사진 · AI · 3D 비전을 결합해 도시 단위의 정밀 3D 데이터를 자동 생성하는 솔루션으로, 이를 통해 지도 · 부동산 VR · VFX 품질을 높였으며 사우디 5개 도시의 디지털 트윈 프로젝트까지 수주했다. 네이버는 XR을 중심으로 영상, 라이브, 버추얼 콘텐츠 등 차세대 미디어 전략을 추진한다. 특히 삼성전자 · 구글의 XR 헤드셋 '프로젝트 무한'과 연계해 XR 콘텐츠 플랫폼을 선보일 계획이다. 하드웨어보다 사용자 경험 중심의 생태계 구축에 집중하며, '치지직' 게임 · K-POP 공연 · 버추얼 아티스트 · 라이브 커머스를 XR 네이티브 포맷으로 제공한다. 이를 위해 네이버 1784 사옥에 비전 스테이지와 모션 스테이지를 구축했다. 비전 스테이지는 AI 기반 가상 배경 스튜디오로 초실감 영상을 구현하고, 모션 스테이지는 실시간 모션 캡처로 아바타 콘텐츠 제작을 지원했다. 이곳에서 돌비 애트모스 기반 3D 뮤직비디오가 제작되었으며, 치지직 스트리머 수는 10배 이상 증가했다.

현재 네이버의 XR 플랫폼은 제페토(글로벌 메타버스), 치지직 XR(실시간 방송 · 공연 중심), 디지털 트윈(산업용 시뮬레이션), 이렇게 세 갈래로 진화했다. 네이버는 AI와 XR을 결합해 콘텐츠 제작, 유통, 결제를 하나로 연결하는 통합 미디어 생태계 완성을 목표로 하고 있다. 한편 네이버랩스는 세계 최초로 실내 AR 내비게이션을 상용화했다. 석상옥 네이버랩스 대표는 "GPS가 닿지 않는 실내에서도 AR 내비게이션을 구현했다"며 "서울 코엑스를 시작으로 강남역, 인천공항, 롯데월드, 부산점으로 확대할 계획"이라고 밝혔다.

네이버는 거리뷰를 3차원화해 새로운 광고 시장도 열었다. 디지털 트윈 기술을 적용해 거리뷰 전체를 3D 공간으로 재구성했으며, 향후 자율주행과 AR 기반 내비게이션으로 확장할 계획이라고 설명했다.

XR 삼국지 삼성·애플·메타, 현실을 다시 쓰다

삼성전자가 2025년 10월 공개한 '갤럭시 XR'은 삼성의 첫 확장현실(XR) 헤드셋이다. 퀄컴의 스냅드래곤 XR2+ Gen2 칩셋과 온디바이스 AI 기능을 탑재해 손짓, 시선, 음성, 공간 움직임을 실시간으로 인식하며 현실과 가상을 자연스럽게 연결했다. 출고가는 269만 원으로 애플 비전 프로(480만 원대)의 절반 수준이다. 삼성은 이를 "프리미엄 XR 시장의 합리적 진입점"으로 제시하고 있다. 본체 무게는 545g으로 가볍고, 후두부 배터리 설계와 쿠션 스트랩 구조로 무게를 분산시켜 장시간 착용 시 피로감을 줄였다. 디스플레이는 양안 4K 해상도의 올레도스(OLED)을 적용해 총 2,727만 화소를 구현했다. 전면에는 6개의 카메라와 센서가 탑재되어 손 제스처와 공간 깊이를 정밀하게 추적하며 현실과 가상을 이어주는 공간 트래킹 성능을 확보했다.

XR2+ Gen2 칩셋은 전작 대비 CPU 20%, GPU 15% 성능 향상, AI 연산 속도 2배 향상을 이루었고, AI가 시각과 공간 데이터를 기기 내부에서 직접 처리해 반응 속도와 전력 효율을 높였다. 이는 M2+R1 듀얼칩을 탑재한 애플 비전 프로, XR2 Gen2 기반의 메타 퀘스트 3보다 처리 속도와 발열 관리 면에서 우위를 확보한 셈이다. 삼성은 XR 전용 운영체제 'One UI XR'도 선보였다. 구글의 '제미나이(Gemini)'와 삼성 갤럭시 AI가 결합되어 "회의실 열어줘", "여행 일정 만들어줘" 같은 명령을 XR 공간 내에서 즉시 실행할 수 있다. 유튜브, 크롬, 포토, 플레이스토어, 넷플릭스 등 안드로이드 앱이 기본 탑재됐으며, 갤럭시 스마트폰 · 북 · 탭과 연동되어 모바일-AI-XR 융합 생태계를 완성했다.

이처럼 세 기업은 서로 다른 전략을 취하고 있다. 애플은 초고해상도와 정밀 시선 추적을 내세웠지만 콘텐츠 부족이 한계다. 메타는 가격 경쟁력과 게임 중심 콘텐츠로 대중화를 시도하고 있다. 삼성은 AI와 생태계 통합 전략으로 생활형 XR 시장을 겨냥한다. 이를 위해 구글, 유튜브, 넷플릭스 뿐만 아니라 티빙, 쿠팡플레이, 네이버와 협력해 XR 스포츠와 공연 콘텐츠를 강화했다. XR의 다음 경쟁은 'AI가 인간의 현실을 어디까지 확장할 수 있는가'에 달려 있다.

XR헤드셋 비교표

구분	삼성 '무한'	Meta Quest 3/Pro	Apple Vision Pro
전략 방향	생태계 융합형 XR (갤럭시+구글 통합)	대중형 XR (소셜·게임 중심)	프리미엄 생산성형 XR (공간 컴퓨팅 중심)
무게·착용감	545g, 후면 배터리로 무게 분산	약 515g(Quest3)	650g + 외부 배터리
디스플레이	4K 마이크로 OLED, 2,900만 픽셀	LCD, 각 눈 2064×2208	마이크로 OLED, 2,300만 픽셀
칩셋	XR2+ 2세대 (온디바이스 AI)	XR2 Gen 2	M2 + R1
가격대	약 200만 원 초반	70~100만 원대	약 480만 원

XR 전문가 전진수
볼드스텝 대표

'갤럭시 XR' 시장 확대, 미래는 AR글라스

영화 <아이언맨>에서 토니 스타크가 인공지능(AI) 비서 '자비스(J.A.R.V.I.S.)'와 대화하며 전략을 세우는 장면은 이제 더 이상 상상이 아니다. 확장현실(XR) 기술과 AI의 발전으로 음성 명령만으로 눈앞의 가상 화면이 현실과 연동되는 시대가 온 것이다. 삼성전자가 최근 공개한 XR 헤드셋 '갤럭시 XR'은 이러한 변화를 알리는 신호탄이라 할 수 있다.

장기적 관점으로 접근, XR 생태계의 주도권 유지해야

XR과 소프트웨어(SW) 분야 전문가 전진수 볼드스텝 대표를 만나 시장 전망을 들었다. 전 대표는 삼성전자에서 12년간 모바일 소프트웨어 플랫폼을 개발했고, 이후 SK텔레콤에서 R&D와 신사업을 담당한 IT업계 베테랑이다.

전 대표는 "삼성의 하드웨어 기술력은 세계 최고 수준이지만, XR 공개 무대의 주인공은 구글이었다"며 "AI와 플랫폼 주도권을 구글에 내주면 과거 스마트폰 시장의 전철을 밟을 수 있다"고 진단했다. 또한 삼성이 새로운 폼팩터 시대를 선점하기 위한 장기적인 소프트웨어 투자와 플랫폼 구축 의지가 부족했다고 지적했다. "과거 삼성은 메타 퀘스트, 기어VR, 마이크로소프트와 협력한 HMD 오디세이플러스 등 플랫폼 주도권이 없는 기기를 출시했다가 사업을 접은 경험이 있다. 반면 메타는 하드웨어가 없던 시절부터 플랫폼 개발에 집중해 10년 만에 메타 퀘스트와 레이밴 AR 글라스를 상용화했다." 전 대표는 SK텔레콤 재직 시절 메타버스 서비스 '이프랜드' 개발을 주도했지만, 이 역시 코로나19 종료 이후 지난 3월 서비스를 종료했다. 그는 “국내 대기업은 단기 성과 중심의 구조 탓에 빅테크처럼 장기적으로 플랫폼을 개발하기 어렵다”며 “XR 생태계 주도권을 잃은 이유도 여기에 있다”고 분석했다. ‘갤럭시 XR’은 삼성과 구글, 퀄컴이 4년 이상 협력해 개발한 결과물로, 애플 비전 프로(약 500만 원)의 절반 수준인 269만 원에 출시되었다.

전 대표는 “삼성이 기기의 완성도와 성능을 크게 끌어올렸지만, 핵심 경험은 구글 플랫폼 위에서 구현됐다”며 “주요 기능인 AI 비서 ‘제미나이’, ‘서클 투 서치’, 유튜브 XR 영상 등이 모두 구글의 AI 기술 기반으로 만들어졌다”고 설명했다. 그는 이어 “갤럭시 XR은 삼성의 독자 운영체제가 아닌 구글의 ‘안드로이드 XR’을 세계 최초로 탑재했다”며 “시장 확산을 위한 전략적 선택이지만, 장기적으로는 플랫폼 종속을 심화시킬 수 있는 양날의 검”이라고 말했다.

XR 시장, 게임에서 산업으로 확장

전 대표는 “국내에서는 메타버스를 비롯한 XR 시장에 대한 관심이 낮지만, 글로벌 시장에서는 로블록스, 마인크래프트 등 게임을 중심으로 빠르게 성장하고 있다”며 “최근에는 헬스케어, 제조, 교육 등 산업용 분야로 XR 시장이 확장되고 있다”고 말했다. 그는 “미국과 유럽에서는 보잉, 에어버스, BMW 등 제조기업이 XR · AR 기술을 정비와 교육에 활용해 비용을 절감한 사례가 많다”며 “국내에서도 삼성과 같은 대기업이 산업용 XR 솔루션에 적극 투자해야 생태계의 저변이 넓어질 것”이라고 강조했다. 실제로 삼성전자는 그룹사인 삼성중공업의 ‘스마트 조선소’ 프로젝트에 갤럭시 XR을 적용하기 위한 업무협약을 체결하며 산업용 확장을 모색했다. 전 대표는 XR 기기의 기술 발전 방향에 대해서도 명확한 전망을 제시했다.

"현재의 헤드셋은 과도기적 형태일 뿐이며, 궁극적으로는 현실과 정보를 자연스럽게 연결하는 AR(증강현실) 글라스로 진화할 것이다." 그는 "무거운 헤드셋은 일상적으로 착용하기 어렵다"며 "기술은 결국 가볍고 착용감이 편한 안경형 AR 글라스로 수렴할 것"이라고 말했다. 또한 "2035년경에는 보다 몰입감 있는 MR 글라스가 각광받을 것"이라고 전망했다. 삼성과 구글은 향후 10년간 헤드셋과 AR 글라스 등 안경형 XR 기기를 순차적으로 출시하기 위해 협력을 강화하고 있다.

전 대표는 "AI 기술이 2D 공간을 3D 물리 공간으로 빠르게 변환할 수 있게 되면서 콘텐츠 제작 비용이 과거 대비 100분의 1 수준으로 낮아지고 있다"며 "AI 발전이 XR 시장 진입 장벽을 빠르게 허물고 있는 만큼, 삼성에겐 지금이 기회이자 시험대가 될 것"이라고 강조했다.

12.

액체생체검사

40대 직장인 A씨는 건강검진을 위해 하루 휴가를 내고 병원을 찾았다. 의료진은 내시경 검사 중 용종을 발견해 검체를 확보한 뒤 조직 검사에 들어갔다. 수면마취에서 깨어난 A씨는 의료진으로부터 용종 발견 소식을 들었고, 2주 뒤 다시 병원을 방문해 조직 검사 결과를 듣기로 했다. 암 가족력이 있는 A씨는 검사 결과를 기다리는 동안 '혹시나' 하는 불안감에 휩싸였다. 지금까지 암이 의심되는 많은 환자들이 경험했던 과정이다. 병원을 찾아 수면 마취를 하고, 조직을 떼 검사하고 나면 검사 결과를 듣기 위해 병원을 다시 찾을 때까지 불안 속에 하루하루를 보내야 한다. 하지만 다행스럽게도 이러한 불편함과 불안감을 해소시킬 기술이 상용화되기 시작했다. 바로 액체생체검사(이하 액체생검)이다.

피 한 방울로 암 진단

액체생검은 조직을 떼 검사하는 조직생체검사(이하 조직검사)와 다르게 혈액, 소변, 뇌척수액, 타액 등 체액 속 DNA를 분석해 질병을 진단하고 예측하는 차세대 진단기술이다. 조직검사 대비 큰 침습 없이 검체를 얻을 수 있어 수검자의 불편을 크게 줄여주고 진단 시간도 줄일 수 있다.

대부분의 암 검사는 조직생검, 컴퓨터단층촬영(CT), 자기공명영상(MRI), 내시경 등이 활용되고 있다. 하지만 이 같은 검사는 검사 과정에서 불편함이 있을 수 있고 이를 분석하는 데도 오랜 시간이 걸린다는 단점이 있다. 이에 앞으로는 혈액 등으로 암을 진단하는 액체생검이 새로운 게임 체인저로 부상하고 있다. 액체생검 분야는 미국 매사추세츠공대(MIT)와 세계경제포럼(WEF)이 각각 선정한 '10대 유망 기술'에 꼽히기도 했다.

포춘 비즈니스 인사이트에 따르면 세계 액체생검 시장 규모는 2024년 118억 달러(16조 4,500억 원)로 집계되며, 2025년 133억 달러(18조 5,400억 원)로 성장 후 2030년엔 최대 228억 달러(31조 8,800억 원)에 달할 것으로 보인다. 액체생검 시장을 지역별로 살펴보면 역시 북미가 가장 큰 규모를 형성하고 있다. 2023년 북미 시장 규모는 43억 6,000만 달러(6조 1,500억 원)로, 앞으로도 글로벌 시장 대부분을 가져갈 것으로 예상된다.

액체생검 기술이 빠르게 발전하면서 개인 정보 유출을 걱정하는 사례도 생긴다. 대표적으로 김정은 북한 국무위원장이 해외에 나가는 경우, 이른바 '흔적 지우기'는 이젠 익숙한 이야기가 됐다. 2025년 9월 김정은 북한 국무위원장과 블라디미르 푸틴 러시아 대통령의 중국 베이징 회담 이후 북한 수행원들이 김 위원장이 앉았던 의자와 테이블을 꼼꼼히 닦는 장면이 포착됐다. 또 외신에 따르면 김 위원장이 탑승한 전용 열차 내부에 생체 정보 유출을 막기 위한 특수 장비가 설치돼 있었다고 한다. 이는 건강 상태를 감시하고 배설물 등을 통한 건강 정보 유출을 막기 위한 조치로 보인다.

액체생검
(자료=챗GPT)

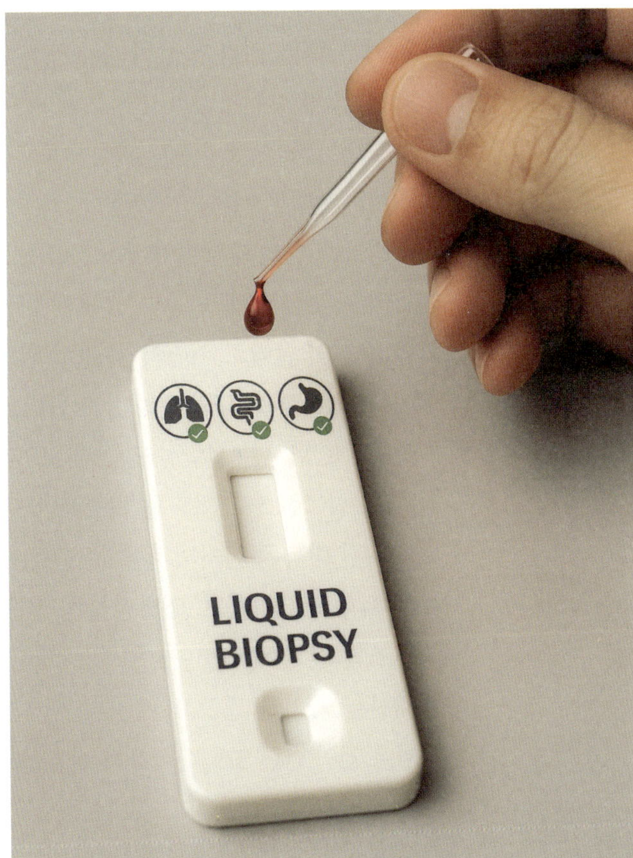

북한은 김 위원장이 해외에서 호텔을 사용할 경우, 머리카락이나 침 같은 흔적을 모두 제거하고 있으며 사용한 식기도 DNA가 남지 않도록 완전히 소독하는 것으로 알려져 있다. 이밖에도 2019년 베트남 하노이 회담에서는 김 위원장이 담배를 피우자 현재 노동당 부부장인 그의 여동생 김여정이 직접 재떨이를 들고 와 담배꽁초를 수거하기도 했다.

이처럼 액체생검은 게임 체인저로 주목받는 동시에 미국에서는 대형 사기 사건의 중심에 서기도 했다. 엘리자베스 홈즈의 실리콘밸리 스타트업 테라노스가 '피 한 방울 혁신'을 꿈꿨으나 허위 · 과장으로 확인되면서 몰락한 것이다.

테라노스 창업자 엘리자베스 홈즈는 2013~2014년 월그린스와 제휴해 혈액을 통한 생체검사를 선보이며 기업 가치를 수십억 달러로 키웠지만, 2015년 언론 보도에 의해 장비 정확도 부재 등의 문제점이 드러났다. 2016년 미국 보건당국(CMS)은 실험실 인증 취소와 운영 금지 조치를 내렸고, 월그린스도 제휴를 해지했다.

2018년 미국 증권거래위원회(SEC)는 투자자 기망으로 민사 제재를 부과했고, 연방검찰은 전신사기 등 형사 혐의로 홈즈와 전 COO Chief Operating Officer 였던 발와니를 기소했다. 배심은 2022년 홈즈의 투자자 사기 유죄를 인정했고, 법원은 징역 11년 3개월과 거액 배상을 선고했다. 2023년 홈즈는 수감됐으며, 테라노스는 청산 절차로 사라졌다.

거스를 수 없는 대세, 그리고 극복 과제

테라노스 사태로 인해 액체생검에 대한 불신이 생기긴 했지만 최근 구체적인 성과들이 나오면서 진단의 무게 중심이 조직검사에서 혈액기반 액체생검으로 이동하고 있다.

액체생검은 의료진의 결정을 더 빠르게 만들어 준다. 조직생검이 제공하는 정밀한 병리정보와 액체생검이 제공하는 실시간 분자 정보가 상호 보완적 역할을 담당하기 때문이다. 이때 환자에게 돌아가는 이득은 분명하다. 덜 아프고 덜 기다리며, 더 적절한 치료를 제때 받을 수 있다. 액체생검이 임상 표준의 한 축으로 자리 잡아가고 있음을 보여주고 있는 것이다.

실제로 혈액 속 순환종양 DNA(ctDNA), 세포유리 DNA (cfDNA), 순환종양세포(CTC) 등 미량의 분자 신호를 정밀 분석해 종양의 유전적 변화를 실시간에 가깝게 읽어내는 진단 제품이 줄줄이 출시되면서 의료진들은 '임상 의사 결정의 속도와 범위를 동시에 넓히는 도구'라는 평가를 내놓고 있다.

조직검사는 여전히 진단의 표준이지만 한정된 채취 부위, 시술 부담, 반복 추출의 어려움 등 본질적 한계를 갖고 있다. 반면 액체생검은 채혈만으로 전신에서 흘러나온 신호를 모아 분석하기 때문에 더 넓은 질병 스펙트럼을 포착할 수 있다.

업계 관계자는 "최근에는 표적치료가 자리잡고 있는데, 표적 치료를 빠르게 실시할 수 있도록 돕는 것이 액체생검"이라고 설명했다.

액체생검의 가장 큰 장점은 침습을 최소화한다는 것이다.

절개 없이 채혈 또는 타액으로도 가능해 위험과 입원 부담이 낮다. 덕분에 치료 시작 전 분자 프로파일링, 항암 중간평가, 잔존 · 재발 의심 시점 등 여러 시점에서 '반복 진단'도 가능해졌다. 마취 · 절개 · 입원 부담이 적어 고령자 · 출혈 위험 환자 · 심부 병변 환자 등 더 광범위한 적용이 가능하다.

조직검사의 경우 조직 일부를 특정해 실시하기 때문에 조직검사가 이뤄진 부위에 대해서만 진단이 이뤄져 시료 편향에 대한 문제가 있다. 반면 액체생검은 원발 · 전이 병소에서 흘러나온 분자 신호를 통합적으로 수집하기 때문에 표적치료 과정에서 새로 등장하는 내성 클론까지 더 넓게 포착한다.

액체생검은 조직검사 대비 더 빠른 진단이 가능해 예측 측면에서도 우수하다. ctDNA 농도나 변이 스펙트럼 변화는 종종 영상학적 크기 변화보다 앞서 나타난다. 수술 후 보조요법 단계에서는 미세잔존질환(MRD Minimal Residual Disease) 유무를 조기에 포착해 재발 위험을 재분류하고, 치료의 강도 · 기간 · 중단 시점을 정교화할 수 있다. 면역항암 치료에서 치료제 선택을 위한 바이오마커로도 활용이 가능하다.

액체생검 분야에서 가장 주목을 받는 것은 단연 '암 진단'이다. 암은 전 세계적으로 질병 부담의 주요 원인이며 발생률이 지속 증가하고 있는 질병이다. 대기 오염과 같은 환경적 요소뿐 아니라 흡연, 신체 활동 부족을 포함한 생물학적 위험 요소는 암 발생을 늘리고 있다.

암 유병률이 증가함에 따라 조기 검진 등에 대한 수요도 지속적으로 증가하고 있다. 그만큼 혈액 등 생체액을 이용한 비침습적 검진검사 수요도 높아지는 상황이다. 암 등에 대한 정부의 공개 검진사업도 증가하면서 비침습적 검진검사에 대한 관심도 높아지고 있다.

액체생검이 세상을 바꿀 수 있는 기술이라는 것은 분명하다. 하지만 해결해야 할 과제도 있다.

기술의 발달로 액체생검의 정확도가 높아졌다 하지만 조직검사를 완전히 대체하기엔 무리가 있다. 환자를 대하는 의료진들 입장에서는 단 한 번의 실수도 허용되지 않는 만큼 액체생검 결과가 있더라도 최종적으로는 조직검사를 통한 확인을 하지 않을 수 없다.

'대체재'라기보다는 '상호 보완재'로 활용하는 것이 더 의미 있다는 얘기다. 실제로 2024년 발표된 미국의사협회저널(JAMA The Journal of the American Medical Association)에 따르면 비소세포폐암, 유방암, 전립선암, 대장암 연구에서 조직검사만 할 때보다 혈액검사를 같이 병행했을 때 9.3% 많은 환자에게서 표적치료에 유용한 변이를 발견하는 등 매우 의미 있는 데이터가 확인된 바 있다.

조직생검 대비 높은 비용도 해결해야 할 문제이다. 앞서 살펴본 것과 같이 액체생검은 암, 산전 검사 등 여러 적응증의 선별 및 치료를 위한 조직 생검에 대한 보완적인 접근법으로 떠오르고 있다. 그러나 질병의 조기 발견 및 모니터링에 있어서 전통적인 접근법에 비해 잠재적인 이점이 있음에도 불구하고 선별검사 및 테스트 분석 키트와 관련된 비용 부담이 큰 것으로 알려져 있다.

미국 의료잡지 <힐리오(Healio)>가 발표한 데이터에 따르면 대장암 검진을 위한 액체생검 비용은 대장내시경 검사보다 상대적으로 높은데, 일반 대중의 채택을 늘리려면 액체생검 비용을 50% 이상 줄여야 하는 것으로 나타났다. 실제로 미국에서의 단일 액체생검 테스트 비용은 2,000~3,000달러 이상인 경우가 많다. 반면 종양 조직 생검 수집 비용은 1,400달러 수준을 형성하고 있다. 다만 비용의 문제는 향후 기술 발전에 따라 자연스럽게 해결될 가능성이 높다.

이처럼 아직 해결해야 할, 넘어야 할 문제도 많지만 액체생검 이후에 대한 기대감도 있다. 아직은 황당하게 들리지만 기술의 발전에 따라 액체생검을 넘어 '기체생검'까지 가능하다는 의견이 바로 그것이다. 호흡 등을 통한 기체생검은 채혈조차 필요 없는 완전 비침습 검사라는 점에서 상용화만 된다면 단숨에 액체생검 시장을 뛰어넘을 것으로 보인다.

기체생검은 주로 호흡을 통해 질병을 진단하는 방법으로 호흡 속에 포함된 휘발성 유기 화합물(VOCs)을 분석해 다양한 질병을 감지하는 것을 목표로 한다. 호흡 과정에서 나오는 기체에는 우리 몸의 대사 과정에서 생성된 다양한 화합물이 포함돼 있는데, 특정 질병에 걸리면 그 화합물의 농도나 종류가 변화한다고 한다. 이를 통해 암, 폐질환, 간질환 등 다양한 질병 진단에 활용하는 것이다.

이 기술이 상용화되기까지는 아직 여러 도전 과제가 남아 있다. 휘발성 유기 화합물의 정확한 패턴 분석, 검사의 신뢰성과 민감도 향상, 외부 요인의 영향을 최소화하는 방법 등 앞으로 더 많은 연구가 이뤄져야 할 것이다.

K-액체생검, 글로벌에서도 우위

국내 액체생검 기업들은 글로벌 제품과의 경쟁에서도 밀리지 않는 뛰어난 성능의 제품을 보유하고 있다. 특히 현재 개발 중인 '타액'(침)만으로 당 측정이 가능한 제품이 성공한다면 말 그대로 '판을 싹쓸이'할 가능성도 있어 보인다.

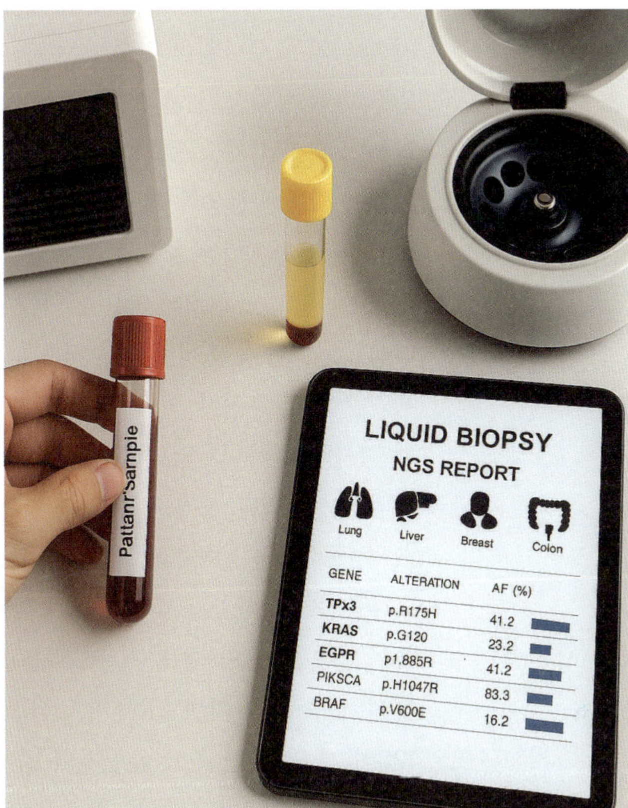

액체생검
(자료=챗GPT)

아이엠비디엑스, 조기진단으로 암 정복에 도전

가장 먼저 국내 액체생검을 대표하는 아이엠비디엑스는 암 발생 전 주기에 걸쳐 환자 맞춤형 정밀의료 및 조기진단이 가능한 제품을 선보이며 '암 정복'에 도전하고 있다. 암세포는 증식 과정에서 순환종양DNA(ctDNA)를 방출하는데, 아이엠비디엑스는 혈액 속 ctDNA를 바이오마커로 암 유전자를 찾아내는 기술을 가지고 있다.

구체적으로 살펴보면 대량의 유전자 염기서열을 분석할 수 있는 NGS Next Generation Sequencing 를 접목시켜 진행 암 환자 대상의 프로파일링 기술, 암 수술 후 재발 조기진단을 위한 디텍트 기술, 암을 조기 발견하고 원발 부위를 예측하는 스크리닝 기술 등 암 전 주기에 적용할 수 있는 모든 기술을 확보해 상용화 제품까지 출시했다.

혈액 내 ctDNA의 비율은 매우 소량이기 때문에 일반적인 NGS보다 100~1,000배 많은 분석을 해야 한다. 아이엠비디엑스는 고용량 분석에 따르는 비용 부담을 줄이기 위해 전체 2만여 개 유전자 중 핵심적인 암 관련 유전자만 선별해 검사하는 하이브리드 캡처(Hybridization capture) 방법을 선택했다. 또 고유 분자 식별자(UMI Unique molecular identifier) 기술을 통해 NGS를 위한 증폭 과정 동안 생기는 오류를 보정했다.

아이엠비디엑스의 대표 제품으로는 암 진행을 정밀진단할 수 있는 '알파리퀴드100'이 있다. 알파리퀴드100은 약 120여 개 암 관련 주요 유전자의 변이 여부를 분석할 수 있는 NGS 패널이다. 혈액 10㎖를 이용해 종양으로부터 기원한 유전자변이를 분석하며, 맞춤 표적치료제를 선별하고 치료 효과 모니터링 및 항암제 내성 유전자변이 발굴 등에 활용되고 있다. 최근에는 분석 유전자 수를 192개로 대폭 확대한 '캔서Dx200'도 정식 출시했다. 전립선암 치료제 린파자 처방 동반진단 제품 '알파리퀴드 HRR'은 글로벌 제약사 '아스트라제네카'와 협약을 체결하면서 크게 주목받기도 했다.

이어 수술 후 재발 조기 탐지를 위한 제품 '캔서디텍트'도 있다. 1~3기 암으로 수술받은 환자의 평균 30%는 재발해 사망에 이른다. 이에 수술 후 암 재발을 조기 진단하는 것은 생존율을 개선하는 데 필수적이다. 암 재발은 수술 당시 남아 있는 미세잔존암에 의한 것으로 기존의 CT 등 영상 검사로는 탐지가 어렵다.

특히 진행암의 경우 혈액에서의 ctDNA 비율이 0.1% 이상 검출되지만, 미세잔존암은 1기보다 암세포 수가 훨씬 적어서 0.01% 이하의 고도화된 탐지 기술이 요구된다. 캔서디텍트는 수술 후 남아 있는 초 극미량의 ctDNA를 탐지하는 제품으로, 국내 최초로 개발됐으며 전 세계적으로도 조직 유래 캡처 기반 패널로는 세 번째로 개발됐다.

세계 최초로 개발된 미국 나테라의 '시그나테라(Signate-ra)'는 조직유래 중합효소 연쇄 반응법(PCR) 기반 제품으로 16개의 유전자변이만을 검사하고 ctDNA 검출 한계는 0.01%이다. 반면 아이엠비디엑스가 개발한 디텍트 기술은 최대 500개의 모니터링 변이 추적 관찰 기술, ctDNA의 절편을 효율적으로 증대하는 기술, 저항성 돌연변이를 가지는 암세포의 발생 검사 기술 등 4대 세부기술을 기반으로 0.001%까지의 ctDNA 검출이 가능하다는 장점이 있다.

마지막으로 다중암 조기 발견을 위한 스크리닝 제품 '캔서파인드'도 있다. 암 조기진단은 사망률 감소와 생존율 증가에 가장 중요한 포인트이다. 증상이 없는 초기 암의 경우 크기가 매우 작기 때문에 영상검사 혹은 내시경 검사로 발견이 어려우며, 혈액 암표지자 검사 역시 낮은 민감도와 특이도로 사용에 제한이 있는 상황이다.

캔서파인드는 혈액 내 0.001% 미만으로 존재하는 ctDNA의 후성유전체 특성을 분석해 암 특이적 메틸화(Methylation) 패턴을 탐지한다. 아울러 어떤 장기로부터 유래됐는지에 대한 정보까지 확인할 수 있기 때문에 단 한 번의 채혈로 다중암(Multi-cancer) 조기 발견이 가능하다. 아이엠비디엑스는 8개 암종의 암환자 약 2,000여 명에 대한 임상 검증을 수행해 97.3% 특이도에 89.6%의 민감도를 확인했다. 또 약 83%에서 암 발생부위를 정확하게 예측하는 성능까지 입증했다. 최근에는 기존 8개 암

혈액 이외 체액을 통한 액체생검
(자료=아이엠비디엑스)

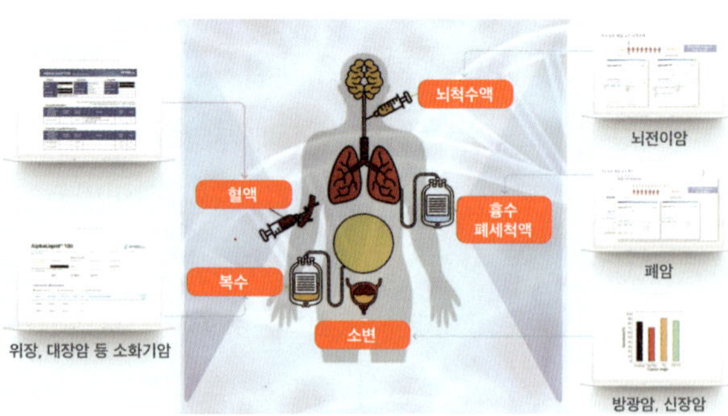

에 방광암, 신장암, 자궁내막암, 자궁체부암 검사까지 가능해지면서 사용이 더욱 늘어날 전망이다.

싸이토젠, 반도체에서 찾아낸 기술

싸이토젠은 액체생검 방식 중에서도 혈액 속을 돌아다니는 암세포(CTC Circulating Tumor Cell)를 살아 있는 채로 포획하는 독보적인 기술로 존재감을 드러내고 있다. 그동안 액체생검 방식 중에서도 혈액 속을 돌아다니는 암세포(CTC)를 살아 있는 채로 포획하는 기술은 불가능하다는 의견이 많았다. 실제로 2012년 미국의 바이오 기업 '셀서치'가 자성으로 암세포를 끌어모은 뒤 CTC를 수집하는 방법을 고안했지만 자성으로 인한 세포 변형이 생기면서 최종적으로는 기술 개발에 실패했다. 하지만 싸이토젠은 CTC 분리 기술에 대한 해법을 반도체에서 찾아냈다. 지름 5㎛의 미세한 구멍을 뚫은 반도체 칩에 혈액을 통과시켜 암세포를 거르는 방식을 채택해 문제를 해결한 것이다. 일반적인 암세포 크기는 7㎛ 안팎이기 때문에 암세포는 걸러지고, 이보다 작은 적혈구와 백혈구는 빠져나가는 방식이다. 싸이토젠의 액체생검 방식은 암 정보를 확보하는 데 조직생검보다 가격과 시간 측면에서 효율적이다. 컴퓨터단층촬영(CT)나 자기공명영상(MRI) 등 영상을 통해서는 5㎜보다 작은 암세포를 찾아내기 어렵지만 싸이토젠의 액체생검 기술을 활용하면 5㎜보다 작은 암세포라도 CTC를 통한 진단이 가능한 셈이다. 싸이토젠은 난소암이나 전립선암, 췌장암 등 조직생검이 어려운 분야에서도 액체생검 활용성이 극대화될 수 있을 것으로 기대하고 있다. 싸이토젠은 지난해 착상 전 유전자 검사(PGT) 및 비침습 유전자 검사(NIPT) 등 시험관 시술부터 출산까지 전 과정을 아우르는 진단 솔루션 기업 '지놈케어'를 인수했는데, 기존에 갖고 있던 CTC 분리 기술과 유전체 분석 기술을 융합해 시너지를 낸다는 계획이다. 또한 미국 텍사스 휴스턴 소재 미국실험실표준인증 연구실(클리아랩) '엑스퍼톡스'를 통해 글로벌 시장을 공략하고 일본의 국립암센터를 비롯한 연구기관 및 제약사에 CTC 기술을 공급하기 위해 노력하고 있다.

동운아나텍, 세계 최초 '타액' 검사 개발 속도

동운아나텍은 당뇨 진단시장에 내놓을 제품 '디썰라이프'의 임상을 거치고 있다. 디썰라이프는 타액 기반 당 진단 제품이다. 타액에 포함된 당을 감지해 측정하기 때문에 매번 채혈하지 않아도 되는 편리함이 가장 큰 무기이다. 동운아나텍은 타액 속 당 수치를 측정하기 위해 향상된 당 측정 센서 기술을 확보했다. 낮은 농도의 당을 정밀하게 측정하기 위해서는 고도화된 미세 전류 제어 기술력이 필요하다. 또한 기계학습(ML)에 기반한 AI 알고리즘을 적용해 정확도 및 식후 측정까지 가능한 제품개발을 추진 중이다. 타액 채취는 여러 번 당 수치 측정이 가능하다는 장점이 있다. 이 때문에 당뇨병 환자뿐 아니라 발병 위험이 높아 지속적인 관리가 필요한 사람, 정상인도 부담 없이 사용할 수 있다. 이처럼 수요자가 점차 확대됨에 따라 기존 혈당 측정 기기 시장을 포함, 훨씬 더 폭넓은 시장을 타깃으로 하고 있다. 동운아나텍은 디썰라이프의 국내 승인을 위해 국내 환자 대상 임상을 추진하고 있다. 2025년 2월부터 고려대학교 구로병원에서 대규모 임상시험을 진행 중이며 2026년 상반기 식약처 허가를 신청하고 상용화까지 기대하고 있다. 디썰라이프의 미국 식품의약국(FDA) 승인도 추진 중인데, 이를 위해 미국 UCLA '데이비드 웡' 박사팀과 신규 타액 진단시스템 공공 연구개발 업무협력(MOU)을 체결 후 임상시험을 진행한다는 계획이다.

김태유
아이엠비디엑스 대표

"암 조기진단 시장의 중심이 될 것"

"현재 매출 대부분은 유전체 프로파일링 제품인 '알파리퀴드'에서 나오고 있지만 앞으로는 조기진단 '캔서파인드'와 재발 감시 '캔서디텍트' 매출이 빠르게 늘어날 것이다." 김태유 아이엠비디엑스 대표는 "알파리퀴드 외 다른 제품에서도 본격적으로 매출이 발생하면서 2026년 중으로는 분기 흑자 달성이 예상된다"며 이같이 말했다.

아이엠비디엑스는 국내 액체생검 대표 주자이다. 액체생검을 통해 암의 조기 진단(캔서파인드), 치료 중 모니터링(알파리퀴드), 수술 후 재발 감시(캔서디텍트) 등 전 주기 대응 솔루션을 구축했다. 현재 아이엠비디엑스 매출 약 75% 가량을 차지하는 제품은 알파리퀴드이다. 기존 118개 주요 암 유전자 분석을 통해 치료제 선택과 반응 모니터링에 활용되던 '알파리퀴드100'에 이어 분석 유전자 수를 두 배 늘린 '알파리퀴드3.0(캔서Dx200)' 출시로 환자 맞춤 치료와 정밀의료에 한발 더 나아간 것으로 평가받고 있다. 이번 업그레이드 제품에는 미국 식품의약국(FDA)에서 승인된 핵심 바이오마커가 모두 반영됐다. 전립선암 · 폐암 · 췌장암 등에서 신약 처방 결정에 필수적인 유전자가 대거 추가된 것이다.

김 대표는 "알파리퀴드3.0을 통해 유전자 분석을 2배 늘렸지만 급여 혜택은 그대로 유지돼 가격은 변화가 없다. 주요 암 변이를 포괄하고 정밀한 표적치료제 매칭과 병용요법 연구에 유리하기 때문에 현장에서 더 많이 사용될 것이다"라고 밝혔다. 이어 "유전자 패널이 확장됐지만 검체 입고부터 보고서 발행까지 전 과정을 인하우스로 처리하고, 분석 파이프라인 자동화와 시퀀싱 효율화를 통해 비용을 절감하고 있다. 또 매출 증가에 따른 규모의 경제 실현도 가능해 수익 역시 계속 증가할 것이다"라고 설명했다.

아이엠비디엑스는 알파리퀴드100 출시 5년 만에 분석 유전자 수를 두 배 늘린 알파리퀴드 3.0을 출시했다, 이어 분석 유전자 수를 1,000개까지 늘린 제품도 내놓을 계획이다. 제품 개발 및 기술력 상승에 가속이 붙는 것이다. 김 대표는 "2025년 연말까지 분석 유전자 수가 1,000개인 제품도 출시할 계획이다. 현재 글로벌 경쟁사인 가던트가 약 700개 유전자 분석 제품을 내놓았는데 이를 훨씬 뛰어넘는 것이다"라며 "향후 출시할 10배 규모 차세대 제품은 암 전 주기 정밀 진단뿐 아니라 희귀 변이 연구와 신약 개발에도 적용 가능해 제약사의 신약 개발에 활용할 방침이다"라고 말했다. 앞으로 알파리퀴드뿐 아니라 암 조기 진단과 재발 감시 시장이 더욱 커질 것으로 예상되는 만큼 향후 매출 확대도 긍정적이다. 특히, 암 조기 진단 제품 '캔서파인드'의 암종이 기존 8개에 방광암, 신장암, 자궁내막암, 자궁체부암이 추가돼 12개로 확대되면서 사용이 더욱 늘어날 전망이다.

캔서파인드, 캔서디텍트 중심으로 다변화

김 대표는 "암 관련 환자를 구분해보면 진행 암 환자가 20만 명, 5년 내 수술 재발 환자가 100만 명, 암 검진 위험군이 1,000만 명에 달한다. 조기 진단 대상자가 가장 많기 때문에 앞으로 캔서파인드의 성장이 기대된다"라고 밝혔다. 그는 "다종 암 스크리닝이 가능한 캔서파인드는 예방의학적 수요를 충족시키는 핵심 축이고, 수술 후 환자 모니터링에 특화된 캔서디텍트는 고위험군 환자 관리에 높은 가치를 제공한다. 향후 매출 구조는 점차 조기 진단과 모니터링 중심으로 다변화될 것이다"라고 강조했다.

매출 확대의 핵심인 급여권 진입을 위한 준비도 계속 이뤄지고 있다. 아이엠비디엑스 제품 중에서는 현재 알파리퀴드만 보험급여가 적용되고 있어 앞으로 캔서파인드와 캔서디텍트에 대한 보험급여 진입을 추진하고 있다. 김 대표는 "다기관 임상 근거 축적을 통해 급여 진입을 기대하고 있다. 임상적 · 경제적 타당성 입증이 핵심인데, 미국 등에서는 표준암 검진에 액체생검을 활용하는 방안이 이미 논의되고 있다는 점에서 급여화 가능성이 높을 것으로 보고 있다"라고 말했다. 매출 다각화가 이뤄지면서 실적도 빠르게 성장할 것으로 전망된다. 2024년 매출 34억 원을 기록한 아이엠비디엑스는 2025년 목표를 70억 원으로 잡고 있다. 상반기 매출 25억 원을 달성한 상황이다. 특히 2026년에는 분기 흑자까지 예상된다. 김 대표는 "매년 하반기에 건강검진이 몰리는 만큼 매출 70억 원 달성이 가능할 것으로 기대한다. 알파리퀴드의 안정적 성장에 더해 캔서파인드 조기검진 수요와 캔서디텍트 고위험군 관리 수요를 반영해 매 분기 두 자릿수 성장률이 목표이다. 분기 매출 30억 원이 손익분기점(BEP)으로, 2026년에는 이를 달성할 것으로 보인다"라고 전망했다.

13.

SMR 선박

소형모듈원전(SMR Small Modular Reactor) 선박은
선박 탄소중립을 실현하기 위한 미래 핵심 기술로
주목받고 있다. SMR 선박은 선박 추진이나
전력 공급을 위해 원자로를 탑재한 선박을 말한다.
기존 선박과 달리 엔진의 배기기관이나 연료탱크 등
기자재가 필요하지 않으며 연료 보급 없이
오랜 시간 항해가 가능하다는 장점이 있다.
SMR 선박의 현재 기술적 상태와 도전 과제,
그리고 이를 통해 다가올 미래는 과연 어떤 모습일까.

바다 위 에너지 혁명, SMR 선박 시대

SMR 선박은 '소형모듈원자로'를 배 안에 탑재해 추진력과 전력을 생산하는 미래형 선박이다. 쉽게 말해 바다 위에 떠 있는 작은 원자력 발전소라고 할 수 있다. SMR은 기존의 대형 원자력 발전소와 달리 전기 출력이 300MWe(메가와트일렉트릭) 이하로 작고, 주요 장치를 모듈화해 공장에서 제작한 뒤 현장에서 조립할 수 있도록 설계된 차세대 원자로이다. 과거에는 SMR의 M이 중소형(Medium)을 의미했지만 최근에는 모듈(Modular)이라는 개념에 방점을 두고 있다.

SMR 구조도
(자료=국제원자력기구(IAEA))

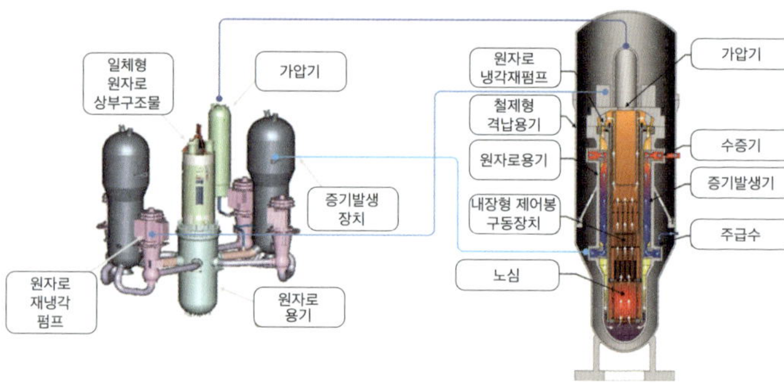

SMR은 기존 원자로보다 안전성과 경제성, 설치 유연성에서 두드러진 강점을 가지고 있다. 특히 사고가 발생했을 때 외부 전력이나 인력의 개입 없이도 스스로 원자로를 냉각할 수 있는 피동형 안전 시스템을 갖추고 있어 안전성이 높으며 필요에 따라 모듈을 추가하거나 줄여서 발전 규모를 유연하게 조절할 수 있다. 또한 필요한 부지가 기존 원전의 절반 이하로 작아 기존 화력발전소 부지에도 설치 가능하고 모듈을 대량 생산해 비용을 절감할 수 있으며 현장에

서의 시공 기간도 크게 줄일 수 있다. SMR은 냉각재 종류에 따라 경수를 사용하는 3세대 소형 경수로와 소듐 · 납 · 용융염 · 헬륨 등을 냉각재로 사용하는 4세대 비경수형 원자로로 나눌 수 있다.

세계 SMR 시장은 아직 초기 단계지만 빠르게 성장하고 있다. 2023년 기준 시장 규모는 약 58억 달러이며 2030년에는 68억 달러까지 성장할 것으로 전망된다. 현재 전 세계 18개국에서 70여 개의 SMR 설계가 추진되고 있으며 중국 · 러시아 · 미국이 이를 선도하고 있다. 특히 중국은 'ACP100'이라는 모델을 통해 세계 최초로 SMR을 상용화했고 러시아는 '아카데믹 로모노소프'라는 부유식 SMR을 실제로 운용하고 있다. 미국의 뉴스케일파워는 세계 최초로 SMR 설계 인가를 받았으며 캐나다와 유럽에서도 건설 협력 프로젝트를 진행 중이다. 테라파워와 같은 기업들도 차세대 SMR 개발에 속도를 내고 있다.

국내에서는 한국원자력연구원을 중심으로 혁신형 i-SMR 기술 개발이 진행되고 있다. 한국전력기술은 해상에서 사용할 수 있는 부유식 SMR인 BANDI-60을 설계하고 있고 두산에너빌리티는 미국 뉴스케일파워 등과 협력해 주요 기자재 제작을 담당하고 있다. 현대건설도 해외 기업들과 협력해 SMR 관련 프로젝트를 추진 중이다. 우리 정부는 SMR을 국가 전략 기술로 지정하고 2028년까지 표준 설계 인가를 목표로 2023년부터 약 4,000억 원 규모의 혁신형 SMR 기술 개발 사업을 본격적으로 시작했다.

안전성, 경제성, 유연성을 고려한 혁신의 SMR

우리 정부의 혁신형 SMR은 크게 안전성 · 경제성 · 유연성 측면을 중점적으로 고려해 개발되고 있다. 먼저 안전성 측면으로 보면, 비정상적 상황이 발생했을 때도 전기나 조작 없이 스스로 작동하는 피동 안전계통을 도입할 계획이다. 이를 통해 중대사고가 발생할 가능성을 사실상 배제하고 만약 사고가 발생하더라도 그 영향이 최소화되도록 설계해 대형 원전보다 안전성을 1만 배 높일 계획이다. 궁극적으로는 사고가 나더라도 주민 대피가 필요 없는 수준의 안전성을 확보하는 것이 핵심 목표이다.

다음은 경제성 측면이다. 일체형 원자로 모듈을 공장에서 미리 제작해 현장에 설치하는 방식으로 건설비를 크게 줄일 계획이다. 또 원자로와 주요 설비를 단순화하고 계통을 공유해 운영 효율을 높일 계획이다. 마지막으로 유연성 측면이다. 태양광이나 풍력 같은 재생 에너지는 날씨에 따라 발전량이 들쭉날쭉하기 때문에 전력 공급이 안정적이지 못한 경우가 많다. 혁신형 SMR은 이러한 한계를 보완하기 위해 탄력적인 전력 조절 능력을 최대한 끌어올릴 예정이다.

SMR의 대형 원전 대비 주요 특징 (자료-KISTEP)

구분	대형원전	SMR
안전성	상대적으로 낮음(능동형 시스템)	상대적으로 높음(피동형* 시스템) *운영 지시나 외부 전력, 추가 냉각수 공급 없이 자동으로 냉각되는 설계
출력 규모	고정형	탄력적(모듈 개수 조절 가능)
부지 면적	573 ㎡/MWe (APR1400 기준) 비상계획구역 20~30km 확보 필요	대형원전 대비 단위 출력 당 필요부지 면적 절반 비상계획구역 230~300m로 충분
다목적 활용	전력 생산 중심	전력 생산 외 공정열 활용한 산업용 열 공급, 지역난방, 해수담수화 등 활용 가능
경제성	규모의 경제	대량생산/투자리스크·건설비용·기간 ↓

각국 정부 역시 SMR 기술 개발과 상용화를 위해 적극적으로 나서고 있다. 미국은 SMR 보급을 위해 '원전 배치 가속화법(ADVANCE Accelerating Deployment of Versatile, Advanced Nuclear for Clean Energy Act)'을 제정하고 9억 달러 규모의 지원 정책을 마련했으며 캐나다는 SMR 로드맵과 국가 행동 계획을 통해 2050년 탄소중립 목표 실현의 핵심 기술로 SMR을 지정했다. 러시아는 2035년 에너지 전략에 따라 해상과 육상 동시에 SMR 개발을 확대하고 있으며, 중국은 국가 5개년 계획에 SMR 실증로 건설과 20기 이상 설치 목표를 포함했다.

SMR은 높은 안전성과 다양한 활용 가능성, 그리고 유연한 발전 규모 덕분에 차세대 에너지 기술로 주목받고 있다. 아직 상용화 사례는 많지 않지만 탈탄소화와 에너지 안보가 세계적인 화두로 떠오르면서 미국 · 러시아 · 중국 등 주요국을 중심으로 기술 개발 경쟁이 치열해지고 있다. 이에 한국 역시 공공기관 중심의 연구개발 단계를 넘어 민간 기업의 참여를 확대하고 정부의 제도적 지원을 통해 글로벌 시장에서 경쟁력을 확보해야 한다. 향후 SMR은 전력 생산뿐 아니라 친환경 해운, 에너지 자립 등 다양한 분야에서 중요한 역할을 하며 미래 에너지 산업의 핵심 기술로 성장할 것으로 기대된다.

탄소중립 핵심, SMR 선박

SMR 선박이 지상에서도 구현하기 어려운 기술을 움직이는 선박에 적용하려는 이유는 무엇일까? 앞으로 해상에서 운항하는 모든 선박은 국제해사기구(IMO) 협약에 따라

2050년부터 무탄소 연료만을 사용해야 한다. 이러한 강력한 해양환경 규제로 고도의 신기술을 적용한 무탄소 연료 추진 선박이 요구되는 상황이다. SMR 선박 기술이 미래 해양 산업의 핵심 기술로 주목받는 이유이다.

기존의 대형 선박들은 주로 벙커C유와 같은 기름을 태워 움직이기 때문에 이산화탄소와 미세먼지 등 많은 오염물질을 배출하지만, SMR 선박은 오염물질을 거의 내놓지 않아 지구온난화와 대기오염 문제 해결에 큰 도움이 된다. 또 한번 연료를 넣으면 10년 이상 사용할 수 있어 먼 바다나 극지방처럼 연료 보급이 어려운 곳에서도 오랫동안 항해할 수 있고 선박을 특정 지역에 정박시켜 작은 도시만큼의 전기를 공급하는 부유식 발전소 역할도 할 수 있다. 전 세계가 탄소중립을 목표로 환경 규제를 강화하고 있는 가운데 SMR 선박은 온실가스 배출이 거의 없기 때문에 친환경 해운 산업의 핵심 기술로 주목받고 있으며 한국을 비롯한 여러 나라가 미래 경쟁력을 선점하기 위해 기술 개발에 속도를 내고 있다. 아직 실험 단계이지만 성공적으로 상용화된다면 SMR 선박은 해운 산업뿐 아니라 에너지와

HD한국조선해양이 공개한 1만 5,000TEU급 원자력(SMR) 추진 컨테이너선 설계모델 (사진=HD한국조선해양)

환경 문제 해결에도 중요한 역할을 하는 '바다 위의 에너지 혁명'이 될 것이다.

전 세계적으로 SMR을 선박에 적용하기 위한 기술 개발은 아직 초기 단계지만 국내외 조선사와 원자력 기업들의 행보는 점점 더 빠르게 이어지고 있다. 국내에서는 HD현대그룹이 가장 적극적으로 움직이는 모양새다. HD현대의 조선부문 지주사인 HD한국조선해양은 1만 5,000TEU(1TEU는 20피트 컨테이너 1개)급 대형 컨테이너선에 SMR을 탑재한 혁신적인 설계를 공개하며 최근 미국 선급기관인 ABS로부터 '개념설계 승인(AIP Approval in Principle)'을 획득했다. 이 설계는 선박 내에 소형모듈원자로를 장착해 배가 스스로 전기를 생산하고 추진력을 확보하는 모델로 기존 화석연료 기반 추진 체계를 완전히 대체할 수 있는 잠재력을 가지고 있다. HD현대는 2030년까지 SMR 선박을 개발하고 새로운 비즈니스 모델을 구축하겠다는 목표를 세우고 있으며 이를 위해 최대 3,000억 원을 투입할 계획이다.

지난 2024년 7월에는 국내 원자력 기업과 조선사가 공동으로 참여하는 'SMR 선박 연구소'가 설립돼 관련 기술의 실증 연구와 인력 양성을 체계적으로 추진하고 있다. 이를 통해 선박 설계, 원자로 기술, 안전 규제 등 다양한 분야가 융합된 복합 기술 개발에 박차를 가하고 있다. 연구소는 한국수력원자력, 한국에너지공대, 삼성중공업, HD현대삼호, HD현대미포, 선박해양플랜트연구소, 국제선급 등 산학연이 긴밀히 협력해 SMR 선박 기술 개발 및 상용화

연구와 함께 전문 인력 양성을 위한 세계적인 수준의 교육 과정을 개발하고 운영 중이다.

SMR 선박 상용화는 아직, 안전성과 경제성 확보 필요

해외에서도 다양한 논의와 시도가 이뤄지고 있다. 특히 북유럽 국가들이 SMR을 친환경 해운의 핵심 기술로 주목하며 정책과 규제 체계 정비를 시작하고 있다. 미국과 유럽의 선급 기관들도 SMR 선박의 안전성 기준 마련을 위해 협력하고 있다. 하지만 아직 실제로 운항 중인 상업용 SMR 선박은 존재하지 않는다. 주로 개념 설계와 시제품 제작 준비 수준에 머물러 있는 것이다.

SMR 선박 상용화를 위해서는 국제 해사 규정과 원자력 안전 규제의 조화를 이루는 인허가 체계 확립, 실제 운항 데이터를 확보할 수 있는 실증 선박 건조, 경제성과 비용 효율성 확보, 그리고 원자로와 추진 시스템, 선체 구조, 방사선 차폐 장치 등을 하나로 통합하는 고난도의 기술 개발이 필요하다. 특히 연료 생산과 공급망, 폐기물 관리 체계 구축 등도 선결 과제로 꼽힌다. 그럼에도 국내 기업들이 ABS의 설계 승인과 같은 성과를 차근차근 쌓아가고 있고 글로벌 조선 · 해운 · 원자력 기업들과의 협력도 늘고 있어 향후 10년 이내에 SMR 선박의 시제품 건조와 실해역 시험이 본격화할 것으로 전망된다. SMR 선박은 단순히 친환경 선박을 넘어 탄소중립 시대를 대비한 해운 산업의 패러다임 전환을 이끌 기술로 평가된다. 성공적으로 상용화된다면 해운업계와 원자력 산업 전체에 커다란 변화를 불러올 혁신적인 해법이 될 것이다.

복잡한 '선박-원자로' 통합 설계 숙제

현재 전 세계적으로 SMR을 탑재한 선박이 아직 상용화되지 못하고 있는 데는 꽤 다양하고 복잡한 이유가 있다. 단순히 기술 하나만의 문제가 아니라 경제성, 규제, 사회적 인식까지 여러 가지 문제가 얽혀 있기 때문이다.

먼저 기술적인 측면에서 보면 SMR을 선박에 통합하는 것이 생각보다 쉽지 않다. 지금까지 핵 추진 잠수함이나 항공모함 같은 군함에 원자로를 장착한 사례는 있었지만, 상업용 화물선이나 여객선은 완전히 다른 이야기이다. 군함은 국가가 운영하기 때문에 규제나 안전 요구 사항을 어느 정도 자국 기준으로 통제할 수 있지만 상업 선박은 전 세계 항만을 오가며 민간이 운영하기 때문에 국제적인 안전 기준을 충족시켜야 한다.

선박해양플랜트연구소(KRISO)가 개발하고 있는 SMR 추진 컨테이너선 (자료=선박해양플랜트연구소)

선박 속에 원자로를 넣으려면 단순히 동력을 제공하는 장치 하나를 설치하는 것이 아니라 방사선 차폐벽, 냉각 계통, 연료 저장고, 비상 정지 시스템 등 수많은 보조 설비가 함께 들어가야 한다. 이 모든 것이 추가되면 무게가 늘 뿐만 아니라 일정 공간이 필요하기 때문에 배의 복원성, 즉 균형을 유지하고 안전하게 떠 있을 수 있도록 새로 설계해야 한다. 선박이 바다에서 항해하다 보면 파도나 충격, 심지어 충돌 위험도 있기 때문에 육상 원전보다 훨씬 까다로운 조건을 충족해야 한다.

SMR의 강점 중 하나는 피동형 안전 시스템이다. 외부 전력이나 인력이 개입하지 않아도 자연적인 힘만으로 냉각이 이뤄지도록 설계된 시스템인데 이것을 바다에서 구현하는 것은 육상보다 훨씬 어렵다. 바다 위 배는 기울거나 침수될 수 있고 항해 중 위치가 계속 변해 냉각수가 일정하게 순환되기 힘들다. 바다에는 안정성을 방해하는 요소들이 훨씬 많다는 얘기다. 결국 기존의 피동형 시스템을 그대로 쓰긴 어렵고 해상 전용의 새로운 안전 설계를 만들어야 한다는 결론이 나온다.

또 하나 중요한 기술적 문제는 연료와 폐기물 관리이다. 상업용 선박은 몇 년, 길게는 10년 이상 연료 교체 없이 운항할 수 있어야 경제성이 있다고 판단할 수 있다. 그런데 SMR은 우라늄 등 방사성 연료를 사용하기 때문에 연료를 교체할 때 방사성 폐기물을 안전하게 다뤄야 하고 이 과정에서 전용 항만이나 육상 처리 시설이 필요하다. 지금은 이런 시설이나 글로벌 표준이 제대로 마련돼 있지 않아서 연료 교체와 폐기물 처리가 큰 난관으로 남아 있다.

다음으로 경제성 문제가 있다. SMR 자체가 아직 최초 적용 기술이어서 단가가 굉장히 높다. SMR 선박 한 척을 건조하려면 기존 선박보다 수천억 원에서 많게는 수조 원까지 추가 비용이 들어가는 것으로 알려져 있다. 물론 장기적으로는 연료비를 아끼고 탄소 배출 규제를 피할 수 있다는 장점이 있지만, 선사 입장에서는 당장 눈앞의 비용 부담이 너무 크다. 특히 해운 산업은 경쟁이 치열하고 운임 변동성이 크기 때문에 선박 건조비를 이처럼 크게 늘리는 투자를 쉽게 결정하긴 어렵다.

뉴스케일파워 소형모듈원전(SMR) 플랜트 가상 조감도 (자료=두산에너빌리티)

보험, 금융, 원자력, 글로벌 규제까지 난제 극복해야

여기에 보험과 금융 문제도 있다. 원자력 선박은 사고가 발생했을 때 피해 규모가 단순한 해양 사고를 훨씬 뛰어넘는다. 방사성 물질이 유출되면 환경 피해는 물론이고 국제적인 정치 문제까지 번질 수 있기 때문이다. 그래서 국제 보험사들이 이런 선박에 대한 보험 상품 개발을 꺼리고 있는 것이다. 설령 보험을 들어도 보험료가 매우 높아져 운영비 부담이 커지고 투자자들도 법적 리스크를 우려해 자금 투입을 꺼리게 된다.

규제 문제는 SMR 선박 상용화의 큰 걸림돌 중 하나다. 현재 국제해사기구(IMO) 규제를 SMR 선박에 적용하기에는 한계가 있다. SOLAS(해상인명안전협약), MARPOL(해양오염방지협약) 등 기존 협약은 대부분 화석연료 선박을 기준으로 만들어져 원자력 추진 선박에 그대로 적용하기 어렵다. 법적 공백 상태인 셈이다. 그래서 각국의 항만국이나 연안국이 제각각 규제를 적용하는데, 어떤 나라는 정치적 · 환경적 이유로 아예 원자력 선박의 입항을 전면 금지하기도 한다.

또한 SMR 연료로 고농축 우라늄(HALEU 등)을 사용할 경우, 국제 핵확산 방지 조약(NPT)이나 IAEA의 감시 대상이 된다. 해상에서 이런 연료를 운송하고 보관할 때의 국제 기준이 아직 마련되지 않았기 때문에 안정적으로 연료 공급망을 운영하기 어려운 것이다.

삼성중공업과 한국원자력연구원이 개발한 용융염원자로(MSR) 추진 액화천연가스(LNG) 운반선 조감도 (자료=삼성중공업)

더 복잡한 문제는 사고가 났을 때의 책임 소재이다. SMR 선박에 문제가 생겼을 때 그 책임이 선박을 소유한 해운사에 있는지, 원자로를 제작한 기업에 있는지, 해당 선박을 등록한 국가에 있는지 명확하지 않다. 육상 원전은 국가나 사업자가 책임지는 구조가 어느 정도 확립돼 있지만 바다 위 선박 원전은 상황이 훨씬 복잡하다. 이런 불확실성이 해운사와 금융권이 투자를 꺼리는 이유이다.

여기에 사회와 정치적인 저항도 무시할 수 없다. 원자력이라는 단어 자체가 주는 공포감과 불신이 여전히 크고 항만 도시 주민들이나 환경 단체, 어업 종사자들이 '방사능 누출 위험이 있는 배가 우리 항구에 들어온다' 라고 하면 강하게 반대할 게 뻔하기 때문이다. 실제로 입항을 허가하려는 국가도 여론 때문에 쉽게 결정을 내리지 못할 수 있다. 만약 사고라도 발생한다면 그 파장은 단순한 해운 사고를 넘어 국제적인 정치 이슈로 번질 수도 있다.

이런 이유들로 인해 SMR 선박의 상용화는 아직 갈 길이 멀다. 하지만 그만큼 해결해 나가야 할 방향도 분명하다. 무엇보다 국제적인 표준을 만드는 것이 시급하다. IMO를 중심으로 SMR 선박에 맞는 안전 규정과 운항 지침을 만들어야 한다. 그리고 시범 운항을 할 수 있는 실증 선박을 건조해 안전성과 경제성을 입증해야 한다. 연료 교체와 폐기물 처리를 위해서는 전용 항만을 건설하고 금융과 보험 제도도 정비해야 한다. 마지막으로 국민과 항만 도시 주민들이 안심할 수 있도록 투명하게 정보를 공개하고 안전성을 지속적으로 설명해 신뢰를 쌓아야 한다.

결국 SMR 선박은 단순히 기술 문제만이 아니라 국제 사회 전체가 함께 풀어야 하는 종합 과제이다. 기술과 제도, 사회 인식이 함께 발전해야 비로소 바다 위에서 SMR 선박이 상용화될 수 있을 것이다. 이런 허들을 하나씩 뛰어넘어 언젠가 우리가 SMR 선박을 실제로 볼 날이 오길 기대해 본다.

박상민
HD한국조선해양 상무

韓, SMR 추진선 상용화 시동, 2040년 본격 확대

HD현대는 소형모듈원자로(SMR)를 활용한 차세대 원자력 추진선 개발에 속도를 내는 대표 기업이다. HD현대조선 중간지주사인 HD한국조선해양의 박상민 미래기술연구원 그린에너지연구부문장은 "현재 진행 중인 용융염냉각고속로(MCFR Molten Chloride Fast Reactor) 원자로 개발이 성공적으로 완료되면 충분히 안전하고 신뢰성 있는 선박을 제작할 수 있다"고 밝혔다.

MCFR은 고체 핵연료가 아닌 액체 핵연료를 사용하는 4세대 원자로로, 크기가 작아 선박에서도 작동할 수 있다는 장점이 있다. HD한국조선해양이 SMR 선박의 경제성을 분석한 결과, 총 생애주기 비용을 고려했을 때 원자력 추진 선박은 다른 친환경 연료 추진선에 비해 경쟁력이 뛰어난 것으로 나타났다. 박 부문장은 "따라서 2040년 이후에는 상업 선박 시장에서 원자력 추진 선박의 비중이 점차 확대될 것"이라고 전망했다.

HD한국조선해양은 SMR 해상 적용을 위해 단계적인 연구와 사업화를 추진하고 있다. 회사는 지난 2024년 미국 와이오밍주에서 건설 중인 테라파워의 345메가와트(MW) 규모 4세대 소듐냉각고속로(SFR Sodium-cooled Fast Reacto) '나트륨(Natrium)' 원자로 용기를 수주하며 SMR 핵심 설비 개발에 본격적으로 나섰다. 앞으로 육상 SMR 제작 경험을 기반으로 부유식 원자력 발전 플랜트와 원자력 추진 선박으로 사업 영역을 확장해 나갈 계획이다.

글로벌 기준 정립 필요, 명확성 개선 기대

박 부문장은 "SMR 선박 초기 투자비는 크지만, 연료비 절감과 탄소 배출 제로라는 강력한 장점을 통해 장기적으로 운영비를 크게 낮출 수 있다"며 "특히 운항 거리가 길고 연료 보급이 어려운 항로, 탄소세 부담이 큰 대형 상선, 환경 규제가 강화되는 미래 해운 시장에서는 경제성이 더욱 부각될 것"이라고 강조했다. 용융염원자로는 한 번 연료를 장전하면 20년 동안 재장전이 필요 없다는 점에서 큰 강점이 있고, 연료 보급을 위한 정박이 필요 없기 때문에 연간 운항 횟수를 늘리고 운항 유연성을 크게 높일 수 있다는 설명이다.

다만 그는 규제의 벽을 가장 큰 과제로 꼽았다. 박 부문장은 "부유식 SMR은 해당 지역의 규제를 통과해 인허가를 받으면 되므로 2030년대 중반 상용화가 가능할 것으로 보지만, 추진 선박은 항로와 각 항만국 승인, 보험·책임 등 복합적인 요건으로 인해 보다 보수적인 접근이 필요하다"고 했다. 이어 "파일럿 운항을 거쳐 2030년대 후반부터 상용화가 가능할 것으로 예상되며, 이는 기술적 과제보다는 각국의 규제 허들이 훨씬 크다고 판단한다"고 밝혔다.

글로벌 규제와 사회적 수용성 문제도 중요한 변수다. 그는 "원자력 추진 선박은 여러 국가의 항구를 드나들어야 하는데, 원자력에 대한 국가의 인식이 부정적이라면 입항 자체가 어려울 수 있다"며 "하지만 회사가 개발 중인 4세대 용융염원자로는 기존 원자로와 달리 냉각재 상실 사고를 고려하지 않아도 되고, 핵폐기물 발생량도 현저히 적어 안전성과 친환경성을 입증할 수 있다. 이를 통해 대중의 인식을 긍정적으로 전환하고자 한다"고 강조했다.

안전성 확보 방안에 대해서도 구체적인 방향을 언급했다. 박 부문장은 “원자력 추진 선박은 방사성 물질의 유출을 고려해야 하므로 기존 선박 대비 구조적 보강이 필요하다”며 “다양한 해상 환경을 시뮬레이션하고 실험적 검증을 통해 방사성 물질이 외부로 누출되지 않도록 정밀한 안전 설계를 개발하고 있다”고 부연했다.

또한 선박의 요동이나 침몰 같은 상황에서 원자로와 안전장치가 정상적으로 작동하는지를 용인 미래기술시험센터에서 실험할 예정이다. 육상 원전에 비해 한정된 공간과 중량 제약을 극복하기 위해서 해양 방사선 차폐 시스템, 해양 원자력 방호 시스템, 그리고 초임계 이산화탄소 기반 추진 시스템 등 공간 효율적인 기술 개발에 집중하고 있다.

현재 HD한국조선해양은 조선사를 대표해 해상원자력에너지협의기구(NEMO)와 국제원자력기구(IAEA)가 주도하는 ‘아틀라스(ATLAS)’ 프로젝트에 참여하고 있다. 이 프로젝트에서는 설계 · 운전 · 비상 대응 등 기술 · 안전 기준부터 책임과 보험 체계, 방사성 물질 및 폐기물 관리, 대중 인식 문제까지 폭넓게 논의가 이뤄지고 있다. 박 부문장은 “규제 프레임의 공식 문서화까지는 시간이 걸리겠지만, 다자간 협력과 논의를 통해 점진적으로 규제의 명확성이 개선될 것으로 기대한다”고 했다.

박상민 부문장은 2003년 현대중공업에 입사해 액화천연가스(LNG) 운반선 등 가스 관련 선박 연구 개발을 약 20년간 수행해 온 조선해양 분야 전문가이다. 현재는 HD한국조선해양 미래기술연구원 그린에너지연구부문을 총괄하며 LNG 이후 시대를 대비한 암모니아 · 수소 선박 관련 연구, 그리고 SMR 추진선 개발을 진두지휘하고 있다.

14.

에너지 고속도로

올해 국내 산업계 최대 이슈 중 하나는
이재명 대통령이 경제 분야 핵심 공약으로 선정한
'에너지 고속도로' 구축이다.
에너지 고속도로란, 전기를 실어 나르는
초고압 송전망을 구축하는 것을 의미한다.
전력을 생산하는 곳과 사용하는 곳이 멀리 떨어져
있는 문제를 해결하기 위해 고안된 프로젝트이다.
특히 서해안, 남해안, 전남·전북 등 재생 에너지가
주로 생산되는 지역을 수도권과 산업 거점 등
주요 소비 지역과 연결하는 것이 핵심이다.
이렇게 하면 화석 연료 발전 의존도를 낮출 수 있어
우리나라의 탄소중립 계획에도 중요한 역할을
할 것으로 기대된다. 정부는 여기에 인공지능(AI)
기반 전력시장 혁신, 에너지저장장치(ESS) 등
기후테크 산업 육성을 연계해 신성장 동력을
창출한다는 계획이다.

수도권-지방 전력 수요 공급 불균형 커

현재 우리나라 전력망에는 어떤 문제가 있을까? 우선적으로 우리나라 전력망을 자세히 살펴볼 필요가 있다. 가장 큰 문제는 전기가 가장 필요한 곳에 공급이 원활히 이뤄지지 않는다는 점이다. 민주연구원이 발표한 자료에 따르면 동해안 지역 발전소의 총 설비용량은 17.9기가와트(GW)에 달하는데, 이중 송전망 제약으로 7.4GW의 전력이 가동되지 못하는 상태이다. 호남 지역은 154킬로볼트(kV) 송전선로 36개가 필요하지만 현재 있는 건 단 2개뿐인 상태라고 한다.

수도권 전력 수요는 전체 전력 수요의 약 44%를 차지한다. 그러나 수도권에 위치한 발전 설비는 그 절반인 23% 수준에 그친다. 반면 전력이 주로 생산되는 전남과 전북 등에서는 오히려 잉여 전력으로 생산을 억지로 줄이거나 버리는 상황도 발생하고 있다. 이 같은 지역 간 전력 수요-공급 불균형은 우리나라의 산업 경쟁력 저하로 이어질 수 있다는 우려가 나온다.

전라남도 신안군 자은도 북서쪽 공유수면해상에 위치한 전남해상풍력 1단지에 10MW급 풍력발전기가 설치돼 있다. (출처=SK이노베이션)

무엇보다 현재 상태로는 탄소중립의 핵심으로 꼽히는 재생에너지 확대에도 한계가 분명해 보인다. 2022년만 해도 77건이었던 재생 에너지 출력 제한은 2024년과 2025년, 약 1,000여 건으로 불어났다. 출력 제한이란 생산한 전기를 처리하지 못해 강제로 발전을 멈추는 것을 뜻한다. 발전량이 수요를 따라가지 못하면 대규모 광역정전(블랙아웃)이 발생하지만, 반대로 발전량이 수요를 크게 초과해도 블랙아웃이 발생하기 때문이다.

2040년대 한반도 U자형 전력망 구축

이 같은 문제를 해결하기 위해 나온 아이디어가 바로 '에너지 고속도로'이다. 이번 프로젝트의 핵심 기술인 초고압직류송전 (HVDC High Voltage Direct Current)을 활용하면 효율적으로 전기를 이동시킬 수 있기 때문이다. 고속도로라는 말이 바로 여기에서 나온 것이다.

HVDC는 600킬로미터(㎞) 이상의 거리에서도 효율적으로 전력을 전송할 수 있으며, 전력 손실도 교류 송전에 비해 적다. 교류 송전이 일반적으로 300㎞ 이상 송전 시 손실이 증가하는 반면 HVDC는 대용량 송전에도 유리하고 계통 안전성도 높다는 장점이 있다.

정부에서도 이번 사업에 속도를 내고 있다. 대통령 직속 국정기획위원회는 지난 8월 13일 청와대 영빈관 국민보고대회에서 수도권과 호남권을 잇는 서해안 송전망을 중심으로 '에너지 고속도로' 건설을 핵심 과제로 추진하겠다고 밝혔다. 앞선 대선 공약에도 담겼던 에너지 고속도로를 AI 고속도로와 함께 새 정부 12대 중점 전략 과제로 확정한 것이다.

우선 2030년대에 서해안 전력망을 구축한 뒤, 2040년대에는 서해안-남해안-동해안을 잇는 한반도 U자형 전력망을 완성한다는 게 정부의 그림이다. 이 과정에서 해상풍력과 해안 발전소를 대량의 에너지 소비가 이뤄지는 첨단산업 인프라와 연결한다는 게 핵심이다.

에너지 고속도로 사업 추진에 따라 전국 송전선로도 확 늘어날 예정이다. 정부는 현재 3만 7,169서킷킬로미터(c-㎞)인 전국 송전선로를 2030년까지 30.7% 늘어난 4만 8,592c-㎞까지 연장키로 했다.

AI · ESS 활용 재생 에너지 대전환

정부는 이번 에너지 고속도로 사업과 함께 기후테크 산업도 육성할 계획이다. 전력 수급에 실시간으로 대응하는 시장을 도입하고 재생 에너지를 저장하기 위한 에너지저장장치(ESS)를 적극 확대한다는 방침인 것이다.

특히 ESS 중앙계약시장 개설을 늘리는 게 핵심이다. 제주에서만 2025년 68메가와트(MW), 2026년 40MW 용량의 시장을 열고, 육지에는 2026년 500MW 규모의 시장을 개설할 계획이다. 중앙계약시장이란 재생 에너지 사업자 및 수요자와 에너지저장장치(ESS) 사업자가 중앙시장에서 직접 계약을 맺고 전력 운영 서비스를 제공할 수 있도록 만든 시장을 말한다. 지금까지 ESS는 개별 기업이 자체적으로 설치해 피크저감, 요금절감 목적으로만 쓰는 경우가 많았는데, 앞으로는 전력거래소가 주관하는 중앙시장에서 공적 자원처럼 활용되도록 제도화하는 것이다.

사업 규모는 약 1조 원으로, ESS 건설 기간이나 인허가 등을 고려한 공급 시기는 2027년 12월이 될 것으로 보인다. 현재 사업자 선정을 위한 작업이 진행 중이며 결과는 2025년 연말께로 예상되고 있다. LG에너지솔루션, SK온, 삼성SDI 등 국내 주요 배터리 제조업체들이 이번 수주전에 뛰어들었다.

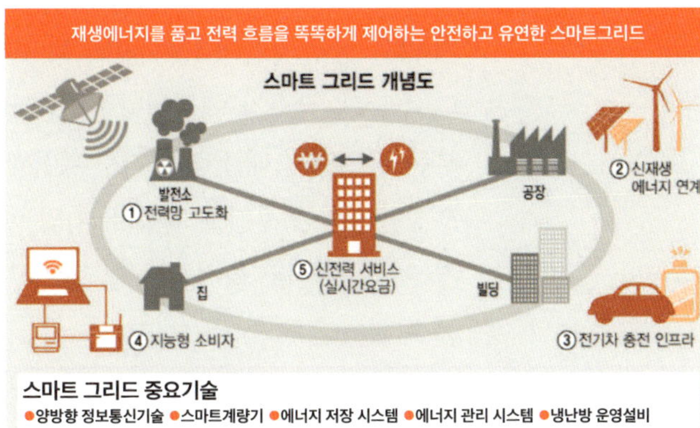

스마트그리드 개념도 (출처=한국스마트그리드사업단)

재생 에너지 대전환도 추진한다. 정부는 2025년 5월 기준 35.1GW인 재생 에너지 발전설비를 2030년까지 두 배가 넘는 78GW 이상으로 늘린다는 목표를 세웠다. 또 현재 0.3GW 수준인 해상풍력 발전설비 규모도 2030년까지 14.3GW까지 확대할 계획으로 해상풍력 산업단지와 전용항만 조성 계획에 속도를 내고 있다. 영농형 · 수상 · 산단 등지의 태양광 입지를 확대하고, 지역 주민 수용성을 높이기 위해 햇빛 · 바람연금 제도도 본격 도입할 예정이다. 재생 에너지는 우리 사회의 탄소중립을 위해 꼭 필요한 핵심 에너지이다. 기업이 2050년까지 필요한 전력의 100%를 재생 에너지 전력으로 충당하겠다는 캠페인인 RE100에 참가하지 않을 경우 글로벌 시장에서 경쟁력 악화를 피하기 어려울 전망이다. 이미 유럽에서는 생산 과정에서 발생한 탄소 배출량만큼 추가 비용을 지불하는 탄소국경조정제도(CBAM Carbon Border Adjustment Mechanism)를 도입하며 탄소 장벽을 세웠다. 한국개발연구원은 RE100에 참가하지 않을 경우 자동차 15%, 반도체 30%, 디스플레이 40%의 수출액 감소가 예상된다는 전망을 내놓기도 했다. 정부는 산업단지 내 유휴부지를 활용해 RE100 산업단지를 조성한다는 청사진도 그렸다. 기업 비용을 절감하고 친환경 제품 생산을 늘려 글로벌 탄소무역 장벽에 대응한다는 계획이다.

정부가 에너지 고속도로 구축에 속도를 내면서 전선 업체들이 많은 주목을 받고 있다. 호남에서 생산한 해상풍력 전력을 수도권까지 안정적으로 보내는 사업인 서해안 에너지 고속도로 사업은 총사업비 11조 원 규모의 초대형 프로젝트이다. 이 과정에서 바다 밑을 가로지르는 장거리·대용량 송전을 위해서는 고압직류송전(HVDC) 기술이 필수이다. 총 620㎞ 길이의 해저 송전망을 구축해야 하는 이번 프로젝트는 당초 2036년에서 2030년으로 준공 목표 시기도 앞당겨졌다.

HVDC에 쓰이는 해저케이블은 전용 '포설선'을 활용해야 한다. 수천 톤(t)에 달하는 중량과 수㎞에 이르는 케이블을 운송하고 포설하기 위해서는 이를 감당할 수 있는 전용 선박이 필요하기 때문이다. 포설선은 1척 당 4,000억 원에 이르는 고가라 국내에선 전선업계 1,2위인 LS전선과 대한전선 정도가 운영 가능하다. 사실상 이 두 업체 간 치열한 경쟁이 예상되고 있다.

LS마린솔루션이 보유한 포설선 GL2030 (자료=LS마린솔루션.)

실제로 LS전선은 2025년 3,400억 원 규모 싱가포르 HVDC 사업과 1,400억 원 규모 대만 해상풍력 프로젝트를 수주하며 글로벌 시장에서 경쟁력을 입증했다. 또 2025년 7월 강원도 동해시 해저케이블 공장에 '5동'을 준공해 HVDC 해저케이블 생산능력을 기존 대비 4배 이상 확대했다. 계열사 LS마린솔루션은 HVDC 전용 포설선 신조 투자를 결정하기도 했다.

대한전선도 2025년 9월 25일 당진해저케이블 2공장(이하 해저 2공장) 착공식을 개최하며 수요 대응에 나섰다. 해저2공장은 축구장 30개 규모인 연면적 약 21만 5,000㎡(6만 5,000평)부지에 해저1공장과 맞닿아 건설된다. 초고압 케이블 생산의 핵심 설비인 180m 높이의 수직연속

압출(VCV Vertical Continuous Vulcanization) 시스템 등 최첨단 설비를 갖춰 해저1공장 대비 약 5배 이상의 생산능력을 확보할 예정이다.

변압기 업체들도 수주 경쟁에 뛰어들었다. 직류 송전을 다시 교류로 바꿔야 하는데, 이 과정에서 대용량 변환용 변압기와 밸브 및 제어기가 필요하기 때문이다. 산업통상자원부는 2025년 9월 24일 500킬로볼트(kV)급 전압형 HVDC 변환용 변압기 개발 사업의 최종 사업자로 효성중공업, HD현대일렉트릭, LS일렉트릭, 일진전기 등 4개사를 선정했다.

대한전선 서부 클러스터
(자료=대한전선)

이미 시작된 전력망 전쟁, 자금 확보가 관건

전력망 확충을 위한 '에너지 고속도로' 구축 전쟁은 우리나라만의 이야기가 아니다. 오히려 미국, 중국, 유럽 등 세계 주요국에서는 상상하지 못할 대규모 자금이 전력망 교체 작업에 몰리고 있다. 기존 노후화된 전력망으로는 인구 증가, 디지털 전환, 이상 기후 등의 문제를 해결하기 어렵다는 판단에서이다.

국제에너지기구(IEA International Energy Agency)는 글로벌 전력

생산량이 2023년 2만 9,863테라와트(TWh)에서 연평균 4.2%씩 증가해 2030년에는 3만 9,783TWh에 이를 것으로 예상하고 있다.

특히 AI 기술의 발전과 데이터센터 확장이 전력 소비를 더욱 증가시킬 것으로 보인다. IEA는 늘어난 전력 수요에서 데이터센터가 차지하는 비중이 2.1%에서 4.4%로 두 배 이상 늘어날 것이며, 2030년에는 10.2%까지 확대될 것으로 전망했다.

세계 기후 문제 해결을 위해 앞장서는 빌 게이츠 마이크로소프트 창업자는 "전 세계가 2050년까지 전력망 용량을 두 배 이상 늘리고 기존 전선을 교체해야 한다"고 말했다.

이와 관련해 스마트그리드 수요도 빠르게 늘고 있다. 스마트그리드는 정전 감소, 송전 손실 최소화, 실시간 전력 수요 관리가 가능해 필수 인프라로 자리 잡을 것으로 전망된다.

미국은 이미 2021년 11월 인프라법(IIJA Infrastructure Investment and Jobs Act)을 통해 전력망 확충 및 개선에 130억 달러의 투자 계획을 발표했다. 이 법안을 기반으로 에너지부(DOE)는 전력망 복원력 혁신 파트너십 프로그램(GRIP Grid Resilience and Innovation Partnerships)에 105억 달러, 송전 원활화 프로그램에 25억 달러를 배정했다. 이는 전력망의 복원력을 강화하고 송전 용량을 확대하기 위한 노력이라 할 수 있다.

중국도 전력망 투자를 공격적으로 늘리고 있다. 중국 국가전력망공사는 올해 총 890억 달러(약 130조 원)를 들여 장거리 초고압 송전선 등에 투자하기로 했다. 이는 지난해

816억 달러를 뛰어넘는 역대 최대 규모 투자이다. 중국은 이미 지난해 7월 향후 6년 동안 천문학적 규모인 8,000억 달러를 전력망에 투자하겠다고 밝힌 바 있다.

동시에 친환경 에너지 전환도 순조롭게 진행되고 있다. 발전 설비 용량 기준으로는 이미 저탄소 에너지가 화력발전을 넘어섰다. 중국 국가에너지국(NEA)에 따르면 지난 2023년 10월 기준 중국의 총 발전설비 중 55.4%가 수력, 풍력, 태양광, 원자력과 같은 청정에너지인 것으로 집계됐다. 특히 태양광이 전체 발전 설비 용량의 24.83%를 차지해 청정에너지 중 가장 비중이 높았다.

전 세계적으로 지난 10년간 새로 구축된 송배전 인프라는 약 150만km에 달하는 것으로 알려졌다. 이 같은 추세는 2030년까지 지속될 것으로 예상된다. 프랑스는 2040년까지 송배전망에 1,040억 달러를 투자할 계획이며, 영국과 스페인 역시 각각 490억 달러, 80억 달러를 투자할 예정이다. 개발도상국인 인도 또한 2032년까지 송배전망 구축에 1,100억 달러를 투자할 것으로 예상된다. 전 세계에서 보이지 않는 전력망 확충 전쟁이 벌어지고 있는 것이다.

이처럼 노후화된 전력망을 교체하는 데는 상상하기 어려운 대규모 자금이 필요하다. 우리나라도 전력망 혁신에 2040년까지, 앞으로 15년간 100조 원 이상의 자금이 필요하다는 추산도 나온다.

이미 한전은 제11차 장기 송변전설비계획(2024~2038년)을 통해 2038년까지의 전력망 구축에 72조 8,000억 원이 필요할 것으로 내다봤다. 여기에 2030년 준공이 목표인 서해안 HVDC 구축에도 11조 5,000억 원이 들 예정이다. 또 각각 4조 5,000억원으로 추산되는 남해 · 동해 송전망 구축 비용까지 고려하면 약 20조 원 이상의 비용 증가가 예상된다. 재생 에너지 발전의 간헐성을 보완할 에너지 저장장치(ESS) 설비 확충에도 40조 원 이상의 자금이 필요할 것으로 분석된다. 아직 정부는 에너지 고속도로 사업과 관련해 구체적인 재원 조달 방식이나 단계별 예산 계획을 제시하지 않은 상태이다.

문제는 전력망 교체 사업을 추진하는 한전의 재무상태가 그리 좋지 않다는 데 있다. 한전은 2021년 이후 작년 말까지 무려 34조 7,000억 원의 적자를 냈다. 문재인 정부가 탈원전 및 재생 에너지 확대 정책을 추진하면서 전기요금을 올리지 않아 사업 경쟁력이 악화한 것이다. 재무건전성 역시 위험한 수준이다. 올 1분기 말 기준 한전의 부채비율은 479.7%에 달한다. 통상 기업의 부채 비율이 100%가 넘으면 주의해야 할 필요가 있다고 하는데, 이를 훌쩍 넘긴 것이다. 부채에서 현금성 자산을 제외한 순차입금 규모만 130조 원에 이른다.

이러한 문제를 해결하기 위해 송전요금 현실화가 거론된다. 송전요금은 발전소에서 생산된 전기를 전력망(송전선·변전소 등)을 통해 수요지까지 옮기는 데 드는 '운송 비용'을 뜻하는데, 이 비용이 오를 수 있다는 얘기다. 결국 일반 전기요금까지 오를 수 있다는 전망도 나온다.

공공과 민간의 합동 투자 모델 도입도 하나의 방법이다. 공공은 송전 인프라를 담당하고, 민간은 발전사업 중심으로 역할분담 체계를 마련하는 것이다. 여기에 국비, 전력산업기반기금, 발전사업자 부담금, 녹색채권 등 다양한 재원을 활용하는 것도 방법이다. 민간 자본 유입을 위해서는 제도적 지원이 필요하다는 지적도 나온다. RE100 산단을 지정해 민간 인센티브를 제공하고, 발전사업자에게 일정 비율 전력망 투자 분담을 유도하는 방식이다.

박승기
LS전선 에너지국내영업부문장

에너지 고속도로, 신속한 발주와 공급망 선점이 핵심

정부가 서해안 '에너지 고속도로' 1단계 준공 시점을 2030년으로 앞당기며 초고압직류송전(HVDC) 기반 해저 송전망 구축에 속도를 내고 있다. 하지만 총 220km, 2GW급 규모의 1단계 사업을 5년 내에 마무리하는 것은 결코 쉽지 않은 과제라는 평가다. 이에 정부가 성공적으로 에너지 고속도로 프로젝트를 수행하기 위해서는 발주부터 서둘러야 한다는 목소리가 나온다.

박승기 LS전선 에너지국내영업부문장(상무)은 "신속한 발주와 공급망 선점 전략이 성공의 관건"이라며 "국내 기업의 HVDC 제작 · 시공 · 운영 경험이 향후 글로벌 전력망 시장 진출의 교두보가 될 것"이라고 강조했다. 그는 초기 단계부터 조기 계약과 납기 확보가 가장 시급하다고 지적했다. 박 상무는 "HVDC 해저케이블과 변환기는 생산 가능한 기업이 전 세계적으로 한정돼 있다"며 "전용 포설선 역시 운용 경험이 있는 업체가 극히 드물어 2026년 상반기 안에 발주를 마쳐야 2030년 준공이 가능하다"고 했다. 해저케이블은 50km 이상 단일 제작이 요구돼 제작 주기와 납기 확보에 시간이 많이 드는 것으로 알려져 있다. 게다가 초대형 전용 포설선과 전문 인력도 선제적 확보가 필요하다.

박 상무는 "영국 '이스턴 그린 링크'는 2029년 완공 예정인 1단계 프로젝트를 위해 2024년에 이미 착공에 들어갔고, 4단계(2033년 완공 예정) 역시 8년 이상 남겨둔 상황에서 사업자 선정을 완료했다"며 "이는 글로벌 시장에서 케이블과 변환기 같은 핵심 기자재를 선제적으로 확보해야 한다는 점을 잘 보여주는 사례"라고 했다. 이스턴 그린 링크는 스코틀랜드 동부 해안에서 영국 북동부까지 이어지는 두 개의 해저 고전압 직류 전력 케이블로, 국가 전력망을 강화하기 위해 계획됐다.

제도적 보완의 필요성도 언급했다. 박 상무는 "예타 · 환경영향평가 · 인허가 등 행정절차가 중첩돼 속도가 더디기 때문에 예타 면제나 통합심의 같은 제도적 보완이 필요하다"며 "HVDC 케이블 · 변환기와 같은 핵심 기자재를 프레임워크 계약 방식으로 공급망 안정성을 확보할 수 있도록 해야 한다"고 했다. 프레임워크 계약이란 대규모 구매, 공급, 협력 등을 미리 합의하는 방식의 장기 계약을 일컫는다.

이번 에너지 고속도로 프로젝트는 국내 전력망 환경을 혁신할 것으로 기대된다. 박 상무는 "해저 방식은 송전탑 민원이나 경관 훼손이 없어 주민 수용성이 높고, 직선 시공이 가능해 토지 보상 · 인허가 비용도 줄일 수 있다"며 "무엇보다 정부가 에너지저장장치(ESS) · 인공지능(AI) 기반 분산형 전력망 혁신을 HVDC와 연계한 점이 이번 정책의 핵심"이라고 했다.

에너지 고속도로가 산업계에 미칠 파급효과에 대해 그는 "반도체, 2차전지, 데이터센터, AI 산업처럼 전력 의존도가 높은 업종이 안정적 전력을 공급받게 될 것"이라며 "재생 에너지 생산지와 산업단지를 직접 연결해 지역 간 전력 불균형을 해소하고, 기업들의 RE100 이행과 ESG 경쟁력 강화에 기여할 것"이라고 내다봤다. 이어 "단순 송전망을 넘어 국가 전력 구조 혁신의 대전환축이 될 것"이라고 강조했다.

15.

지속가능항공유 (SAF)

지속가능항공유(SAF Sustainable Aviation Fuel)는 항공 분야 탄소중립을 실현하기 위한 미래 핵심 기술이다. SAF는 항공유와 동일한 성능을 유지하면서 탄소 배출량을 최대 80%까지 줄일 수 있는데다 기존 항공기 인프라를 그대로 활용할 수 있다는 장점을 갖추고 있다. 이에 항공 산업계에선 '하늘길 에너지 대전환'을 이끌 주인공으로 떠오르며 환경적 가치뿐만 아니라 막대한 경제적 가치까지 갖춘 대체 연료로 각광받고 있다. SAF 개발의 현주소와 도전 과제, 그리고 이를 통해 다가올 미래는 어떤 모습일까?

탄소 배출량 최대 80% 감소, 하늘길 대체 연료 SAF

하늘을 날고자 하는 인간의 욕망을 실현해 준 비행기. 수백 톤(t)의 비행기를 하늘 위로 가뿐히 날아오르게 하는 힘의 원천은 바로 '항공유'이다. 무동력 글라이더 시대를 지나 석유계 연료를 활용해 비행기를 띄우기 시작한 1900년대 초반 이후 인류는 무려 130여 년간 석유를 정제해 만든 항공유를 사용해 왔다. 제트 엔진 항공기에 사용하는 제트 연료(등유 성분), 가솔린 엔진 항공기에 사용하는 항공 가솔린(휘발유 성분) 크게 두 가지로 나뉠 뿐이다. 환경 파괴라는 단점에도 오랜 시간 석유계 연료에서 대체되지 못한 항공유에도 변화의 바람이 불고 있다. 과학기술의 발전에 따라 폐식용유 · 동물성 지방 ·농업 잔재물 등을 이용해 '지속가능항공유' 를 만들어낸 것이다.

지속가능 항공유 (SAF) 제조 개념도 (자료=DL케미칼)

SAF는 기존의 제트 연료와 최대 50%까지 혼합이 가능하고 동일한 방식으로 처리할 수 있기 때문에 현존하는 모든 항공기에 적용할 수 있다. 동시에 기존 항공유처럼 막대한 이산화탄소를 뿜어내지도 않는다. 실제로 서울에서 미국 뉴욕까지 한 번 날아가는 데 약 18만L의 항공유가 사용된다고 한다. 막대한 양의 항공유를 태워 나오는 이산화탄소가 대기에 쌓이며 환경오염의 주범이 되는 것이다. 항공기의 무게가 육중한 만큼 탄소 배출량도 자동차 대비 두 배 이상 많다. 영국 기업에너지산업전략부 등에 따르면 승객 한 명이 1㎞ 이동할 때 탄소발자국은 버스 105g, 중형차(디젤) 171g, 비행기(단거리)는 255g으로 조사됐다.

그렇다면 SAF는 언제부터 개발되기 시작했을까? SAF의 개발의 역사는 생각보다 길다. 1970년대 석유파동과 기후위기 논의가 확산되면서 항공 산업 및 정유업계에서도 대체 연료 필요성이 커졌고, 석유 기반 항공유의 대체 연료로서 바이오 연료에 관한 연구가 시작됐다. 당시 일부 연구소에서 대두유, 유채유 등 식물성 오일을 항공유로 전환하는 실험을 진행했지만 까다로운 항공 안전 규격을 충족하지 못해 실용화되진 못했다. SAF가 본격적으로 개발되며 상용화 가능성이 커지기 시작한 건 2000년대 초반이다. 기술적 어려움과 높은 생산 비용으로 인해 당장의 상용화는 어려웠지만, 탈탄소 항공을 위한 대안으로 주목받기 시작했다. 당시에도 기존 항공유와 동등한 성능을 유지하면서도 경제적인 생산 방법을 찾는 것이 가장 큰 연구 과제였다.

SAF의 생산 방법은 다양하다. 폐식용유 · 에너지 작물 · 목재 · 농업 잔류물 등 바이오매스를 사용하는 방법부터 재생 가능한 전기, 물, 포집된 이산화탄소를 사용하여 액체 연료를 생산하는 방식까지 다양한 접근법이 연구되고 있다. SAF 제조는 크게 원료 생산 및 수집, 전처리, 변환 공정 3단계로 이루어지는데 이중 수집된 바이오매스 특성이나 원료 특성에 따라 변환 공정 기술이 달라진다. 가장 먼저 'HEFA Hydroprocessed Esters & Fatty Acids' 방식은 폐기물, 식물성 기름 등 지질을 원료로 사용해 상업화한 대표적인 제조 공정이다. 다만 HEFA 방식은 원료인 폐식용유, 팜유 등 수급의 한계가 있어 향후 시장 확대에 따라 바이오에탄올, 부탄올을 원료로 한 공정이 본격적으로 상용화될 것이라는 예상이 지배적이다. 이것이 바로 두 번째 방식인 'ATJ Alcohol-to-Jet'이다. 식물 추출 에탄올을 항공유로 만드는 기술(ATJ)은 에탄올로 전환될 수 있는 임업 잔류물, 목재 부산물, 농업 잔류물, 비식용 작물 등이 공급 원료가 된다. 바이오매스에서 에탄올을 생산한 뒤 다시 항공연료로 가공하는 과정을 거치는 것이다. 최근에는 에탄올을 SAF로 직접 전환해주는 'ETJ Ethanol-to-Jet' 기술도 개발돼 활용되고 있다. 이외에도 목질계 바이오매스를 합성가스로 전환한 뒤 이를 다시 합성해 항공유를 생산하는 'FT Fischer-Tropsch' 기술과 태양열 · 풍력 등 재생 에너지로 생산한 전력을 이용해 물을 분해하고 수소를 얻고 이를 이산화탄소와 합성해 연료를 만드는 'PTL Power-to-Liquid' 등 다양한 기술이 연구되고 있다.

미국재료시험협회(ASTM)의 승인을 받은 SAF 생산 기술은 11종으로, 이외에도 다양한 기술이 승인·예정되어 있거나 연구개발 단계에 있다. 단기적으로는 개발 성숙도가 높은 HEFA 공정이 상용 중이지만, 기존 제트유를 완전 대체하기 위한 원료 자원이 부족해 향후에는 PTL 공정을 사용한 SAF가 각광받을 전망이다. PTL은 가장 발전된 SAF 공정으로, 탄소 저감 효과가 100%에 가깝고 원료 공급에 제약이 없다는 장점이 있다. 장기적으로 보면 기술 개발에 따른 제조 비용 절감 시 상용화하기에 이상적인 방법이다.

2050년 탄소제로, 글로벌 SAF 개발 각축전

전 세계적으로 지속가능항공유(SAF)개발이 활발해진 것은 항공산업의 '탄소 중립(Net Zero)' 퍼즐을 완성하는 가장 현실적인 대안이기 때문이다. 국제민간항공기구(ICAO)는 지난 2022년 10월 열린 제41차 회원국 총회에서 2050년 '탄소 중립' 달성을 위한 결의안을 채택하면서 '국제항공 탄소 상쇄 · 감축 제도(CORSIA)'의 참여를 독려했다. CORSIA는 탄소 배출량 기준을 초과한 항공사에 대해 탄소시장에서 배출권을 구매해 상쇄하도록 하는 제도이다. 2024년 1월을 기준으로 우리나라를 포함한 126개국이 자발적 참여를 선언했고, 국제항공운송협회(IATA) 회원사들도 2050년까지 탄소 순배출 제로를 목표로 SAF 활용 확대에 합의했다.

항공산업의 탈탄소화 방안으로 거론되는 방법은 △SAF 사용 △항공기 관련 신기술 개발 △인프라 및 운영 개선 △

탄소 상쇄 및 포집이 있지만, 이중 기존 연료 시스템 활용을 통해 비교적 쉽게 적용할 수 있는 것이 SAF이다. IATA는 2050년까지 SAF가 세계 항공유 수요의 65%를 차지하고, 기존 화석 항공유 수요는 3분의 1 수준으로 급감할 것으로 예상한다. 이에 맞춰 각국은 SAF 상용화에 드라이브를 걸고 있다. 시장조사기관 모르도르 인텔리전스에 따르면 세계 SAF 시장 규모는 2024년 63억 420만 달러(약 9조 원)에서 2027년 215억 6,520만 달러(약 31조 원)로 증가할 것으로 보인다.

SAF 개발에 가장 앞선 건 유럽과 미국 등 선진국이다. 유럽은 두말할 것 없이 SAF 개발 및 상용화에 가장 적극적인 나라이다. 유럽연합(EU)의 '리퓨얼EU ReFuelEU' 법안에 따라 2025년부터 EU 회원국 공항을 출발하는 항공기는 항공유의 최소 2%를 SAF로 혼합해야 한다. 이 의무 비율은 2030년 6%, 2050년 70%까지 단계적으로 증가할 예정이며, 이는 EU의 탄소 배출 감축 목표 달성을 위한 조치이다. 세계 최대 SAF 생산 업체도 유럽을 기반으로 한다. 핀란드 국영 정유사 '네스테(Neste)'는 SAF 생산 분야에서 가장 선두에 위치한 기업이다. 네스테는 핀란드 포르보 공장뿐만 아니라 싱가포르와 네덜란드 로테르담 공장에서 SAF를 생산하고 있다. 싱가포르와 로테르담 정유 공장 두 곳에서 각각 연간 100만 톤(t), 50만 톤의 SAF를 생산할 수 있는데, 특히 싱가포르 공장은 세계 최대 단일 SAF 생산 능력을 갖춘 곳으로 알려져 있다. 오는 2027년까지 로테르담 공장 증설을 완료하면 네스테의 연간 글로벌 SAF 생산 능력은 220만 톤 수준까지 증대될 것으로 예상된다.

미국 역시 SAF 개발에 적극적이다. 조 바이든 미국 대통령 시절 미국 정부는 SAF 생산 시설을 구축하는 기업에 5년간 10억 달러의 보조금을 지원하고, 세액공제 혜택을 제공하기로 했고 이후 미국 내 SAF 생산시설 구축이 빠른 속도로 증대됐다. 국제민간항공기구(ICAO)에 의하면 지난해 말 기준 전 세계 SAF 생산시설 359개 중 30% 가량인 107개가 미국에 위치하고 있는 것으로 나타났다. 특히 미국 우주항공 및 에너지 · 환경 분야 기술 전문 기업인 허니웰의 자회사 'UOP Honeywell Universal Oil Products'는 HEFA 공정기술과 ATJ 공정기술을 동시에 보유한 SAF 생산 업체이다.

이외에도 미국 친환경 연료전문업체 '지보(Gevo)', 프랑스 정유회사 '악센스(Axens)', 영국 정유사 브리티시 페트롤리엄(BP), 글로벌 에너지사 쉘(Shell) 등 세계적 정유회사들이 저탄소 · 바이오에너지 사업에 적극 뛰어들면서 SAF 생산과 개발도 확산되고 있는 중이다.

아시아권에서도 말레이시아와 일본, 중국 등 여러 나라가 SAF 생산에 뛰어들었다. 세계에서 두 번째로 많은 팜유를 생산하는 말레이시아는 2027년부터 SAF 생산을 목표로 정부가 강력한 정책 드라이브를 걸고 있다. 말레이시아 정부는 2023년에 발표한 국가 에너지 전환 로드맵에 따라 SAF 혼합 의무를 1%로 시작해 2050년까지 47%까지 올리는 것을 목표로 삼고 있다. 이를 위해 말레이시아의 국영 에너지 기업인 페트로나스(Petronas)는 이탈리아의 에닐리브(Enilive)와 일본의 유글레나(Euglena)와 협력해 각각 연간 35만 톤과 65만 톤 생산 규모의 SAF 정유 및 생산 공장을 건설하고 있다.

일본도 정부가 2030년부터 정유사에 SAF 공급을 의무화할 예정임을 밝히면서 정유사들이 앞다퉈 SAF를 개발 및 생산하는 중이다. 일본에서 최초로 SAF 대규모 상업 공급을 시작한, 일본 내 주요 정유사로 손꼽히는 코스모 오일(Cosmo Oil)은 JGC홀딩스(JGC Holdings)와 협력해 HEFA 방식으로 SAF 30만 톤을 생산할 수 있는 설비를 가동 중이다. 2025년 4월부터 가동을 시작해 일본 양대 항공사인 일본항공(JAL)과 전일본공수(ANA), 국제특송 기업 DHL 등에 SAF를 공급하고 있다. 이외에도 일본 2위 정유사 이데미츠코산, 에네오스 홀딩스, 후지 오일, 타이요 오일 등 대형 정유사 중심의 대규모 설비 착공도 예정되어 있어 중장기적으로 SAF 생산 규모가 빠르게 확대될 전망이다.

중국도 국가 차원의 전략 사업으로 SAF 개발을 중요시하고 있다. 지난해 9월 중국 국가발전개혁위원회(NDRC)와 중국민용항공국(CAAC)은 SAF 활용 시범사업을 개시했다. 중국의 기존 SAF 생산능력은 국영 석유기업 시노펙(Sinopec)의 연간 10만 톤, 홍콩중국가스공사(Towngas) 10만 톤을 포함해 연간 20만 톤 수준이었으나 산둥 산쥐, 친저우 홍쿤 등 정유사들이 SAF 생산을 시작했거나 공장 가동을 앞두고 있어 연간 300만 톤에 가까운 SAF 생산량에 도달할 것으로 보인다. CAAC는 2025년까지 SAF 소비량 250만 톤을 달성하겠다고 밝힌 바 있다.

SAF 생산 후발주자 韓, 정부 지원 필수적

우리나라는 2022년 기준 항공유 수출량 1,080만 톤(t), 약 110억 달러(점유율 29%)로 세계 1위 수준이지만, SAF 개발 · 도입은 아직 걸음마 단계이다. 2023년 '석유 및 석유대체연료 사업법' 개정으로 비로소 정유공장에서 석유 대체연료로 SAF를 제조 · 판매할 수 있는 제도 기반이 갖춰졌지만 현재까지 상업 가동 중인 국내 SAF 전용 생산설비는 전무한 실정이다.

지난 2022년 대한항공이 지속가능 항공연료(SAF) 화물기 시범 운항을 위해 급유하고 있는 모습 (자료=대한항공)

대신 국내 4대 정유사인 SK에너지, GS칼텍스, S-OIL, 현대오일뱅크가 기존 정유 설비를 활용한 코프로세싱(Co-processing) 방식으로 SAF를 소량 생산하고 있다. 코프로세싱 방식의 SAF 전용 생산라인은 기존 석유제품 생산공정에 석유 원료와 함께 바이오 원료를 동시에 넣어 석유제품과 저탄소 제품을 생산하는 방식이다. 현재 국내에서 생산량이 가장 많은 SK에너지의 연간 SAF 생산량은 10만 톤 수준이다. 우리나라가 SAF 생산에 후발주자가 된 것은 기업들이 정부 정책 및 수요 본격화 이전 단계라는 점에서 대규모 전용 설비 투자에 신중한 입장을 유지하고 있기 때문으로 분석된다. 대규모 전용 플랜트 투자는 정부 SAF 의무혼합제도가 확정된 이후 본격화될 것으로 예상된다.

정부는 현재 관계 부처, 정유 · 항공업계, 전문가 등이 참여하는 산학연관 태스크포스(TF)를 구성해 SAF 혼합의무화 제도 도입 방안을 논의 중이며 2025년 하반기 중 관련 내용을 발표할 계획이다. 산업통상자원부는 최근 기후위기에 대응하고 탄소중립 산업 경쟁력을 높이기 위한 장기 마스터 플랜 수립에 착수했는데, 10대 탄소중립 핵심 기술 및 산업 내용에 SAF도 포함됐다. 이후 정부는 2027년부터 국내 출발 국제선 항공편에 SAF 1% 혼합을 의무화하는 방안을 발표했다. 산자부는 2025년 9월 19일 국토교통부와 함께 'SAF 혼합 의무화제도 로드맵'을 공동발표하고 'SAF 얼라이언스'를 공식 출범했다. SAF 혼합의무화제도 로드맵에는 연도별 SAF 혼합의무비율과 종합적인 지원 방안 등이 담겼다. 오는 2027년부터 SAF 혼합의무비율을 1%로 정해 시행하고, 이후 2030년에는 3~5%, 2035년에는 7~10%의 범위에서 국내 생산능력, 해외 의무 수준, 글로벌 시장 상황 등을 종합적으로 고려해 결정하기로 했다. 정유업계는 SAF를 위한 투자를 당장 추진하기 어렵다는 판단으로 의무화 시기를 늦춰달라는 입장이다.

SAF 개발 및 생산과 별개로 국제 기준을 준수해야 하는 국내 항공사들은 SAF 혼합 연료를 도입해 사용하고 있다. 국적 항공사 중 SAF 도입에 가장 활발한 곳은 대한항공이다. 대한항공은 2017년 SAF를 처음 도입해 유럽 일부 노선에 적용했고, 지난해에는 국내 항공사 최초로 국산 SAF를 혼합 급유한 여객 상용노선(인천~하네다)을 운항한 바 있다. 대한항공 ESG 보고서에 따르면 지난해 SAF 사용량은 15만 1,344USG로 전년 대비 2배 가까이 늘어난 것으로 집계됐다. 이외에도 유럽 노선 취항을 확대하고 있는 티웨이항공도 지난해 에쓰오일과 SAF 공급 관련 업무 협약을 맺으며 SAF 공급을 확대하고 있다. 아시아나항공, 진에어, 제주항공, 에어부산 등 다른 항공사도 최근 SAF 도입을 늘려가고 있다. 그러나 아직 상용 노선에 투입할 충분한 SAF 공급 인프라와 물량이 확보되지 않아 여객 노선 등 업계 전반으로의 도입은 주저하는 상황이라 할 수 있다.

SAF 상업화까지 쌓인 과제, 연구개발 투자 확대해야

전문가들은 국내에서 개발 중인 SAF가 상업화되기 위해서는 국내 바이오매스 원료 수급 현실을 반영한 공정 개발과 고효율 공정개발을 통해 '한국형 바이오항공유 제조공정 표준 모델'을 만드는 것이 필요하다고 입을 모은다. 이를 위해선 원료 확보 체계를 구축하고 정유설비 전환 및 투자를 확대해야 하며, 기술 혁신 및 신원료 개발이 필요하다는 의견이다.

먼저 원료 확보 체계 구축과 관련해서는 국내에서 배출되는 유기성 폐자원 수거 체계를 강화하고 바이오매스 수

입선을 다변화해 안정적인 SAF 원료 공급망을 갖춰야 한다. 현재 국내 원료만으로는 SAF 수요를 충당하기 어려운 만큼, 동남아 등 해외 원료 조달 네트워크를 확보하는 노력이 시급하다. 이를 위해 정유사와 무역상사들이 해외에서 폐식용유 · 팜(Palm) 부산물 등을 확보하거나, 국제적인 원료 비축 파트너십을 체결해야 한다는 것이 전문가들의 의견이다.

주요국 SAF 생산 및 설비 투자 지원 정책 (출처=삼일회계법인, 산업연구원)

구분	생산 지원	설비 투자 지원
미국	• SSA(Sustainable Skies Act, 2021~) - 미국 내 SAF 생산시설 확충을 위해 5년간 10억 달러의 보조금 지원 • SAF Blender Tax Credits(2023~2024) - 미국 내 생산 및 판매된 SAF 대상으로 갤런당 1.25~1.75달러 세액공제 • Clean Fuel Production Credit(2025~2027) - 50kgCO_2-eq/인하 배출 SAF 생산자에게 갤런당 0.35~1.75달러 세액공제	• SSA(Sustainable Skies Act, 2021~) - 미국 내 SAF 생산시설 확충을 위해 5년간 10억 달러의 보조금 지원 • FAST-SAF(2023) - 대체연료 저배출 항공기술 보조금으로 SAF의 생산·혼합·저장 관련 프로젝트에 약 2억 5,000만 달러 지원 - 현금, 현물 출자 형태로 전체 프로젝트 비용의 75~90% 지원
영국	• SAF 수익보전 메커니즘(Revenue Support Mechanism, RCM)을 추진 중 - UK 시장 내 공급 SAF 대상 사전협의 가격(Guaranteed Strike Price)을 보장 * UK DfT(교통부)가 사전 합의 가격으로 SAF 제조사로부터 연료를 전량 매입 * SAF 가격이 일정 수준 이하로 하락 시 기금을 활용하여 차액을 보전 - SAF 가격이 기준을 초과하면 생산업체가 차액을 반환 - 기금은 항공유 판매기업에 부과되는 부담금으로 조성	• UK는 SAF 생산건설 프로젝트 대상 총 세 번의 경쟁 보조금 제도를 운영 - 예시: Advanced Fuels Fund(2022) SAF 제조사 대상 총 1.35억 파운드 지원 - 1차(2022년 말): 8,250만 파운드 지원(5개) - 2차(2023년 말): 5,300만 파운드 지원(9개)
일본	• 전략 분야 국내 생산 촉진 세제(2024~) - 자국 내 생산된 SAF 대상 10년간 리터당 30엔 세액공제 추진 - (한도) 10년간 법인세액의 최대 40% 공제 (이월 기간 최대 4년) - (기간) FY8 50%, FY9 50%, FY10 25% 지원 규모 단계적 인하	• 그린이노베이션(GI) 기금(2022~) - 에탄올로부터 대량의 SAF를 제조하는 ATJ(Alcohol to Jet) 기술개발 분야 투자 • GX경제이행채 투자 촉진책(2024~) - SAF 제조·공급체계 구축 기업 대상 향후 5년간 3,368억 엔 설비 투자 지원 - 보조율: 대기업 1/3, 중소기업 1/2
호주	• 경쟁 기반 생산보조금 또는 생산세액 제도 등 검토 중 - 경쟁 기반 생산보조금: 계약차액제도(CfD) 또는 고정금액 보조금 제도	• Future Made in Australia Fund(2024) - 저탄소액체 연료기술 상용화 및 제조시설 구축에 총 10억 달러(AUD) 보조 지원 • Sustainable Aviation Fuel Funding Initiative(2023) - SAF 기술 개발 및 상용화 프로젝트 대상 총지원금 3,000만 달러(AUD) 지원

동시에 미세조류 배양, 폐자원 가스화 등 2 · 3세대 연료원 개발을 통해 장기적으로 원료 기반을 확장하는 연구개발(R&D)에도 투자해야 한다.

바이오연료가 주로 수송용 연료로 널리 보급되어 사용되고 있는 것을 고려하면 기존 수송용 바이오연료와의 원료 수급 측면에서 경쟁이 있을 수밖에 없기에 바이오 항공유에 최적화된 원료 개발이 시급한 실정이다.

정유 설비 전환 및 투자 확대는 기존 정유 인프라를 활용하면서 전용 SAF 생산 능력을 확충하는 것이 가장 현실적인 방안이다. 정유사들은 낡은 석유 정제설비를 바이오연료 전용 공정으로 개조하거나 신규 증설해 SAF 대량생산 체제를 구축해야 한다. 단기간에 투자를 유도하려면 세액공제와 금융지원 인센티브 확대는 필수적이다.

아울러 기술혁신 및 신원료 개발을 지속해야 한다. 폐식용유 기반의 1세대 SAF 생산 기술을 넘어, 비식용작물, 도시 폐기물, 합성연료 등 새로운 원료와 공정 기술에 대한 연구개발(R&D)을 강화해야 한다는 주장이다. SAF 생산이 오히려 환경파괴를 가져오지 않도록 기술을 고도화하고 원료를 발전시켜 나가는 것도 중요하기 때문이다.

SAF 제조 기술이 상업화되기 위해서는 무엇보다 공정을 간소화하고 저에너지화에 따른 고효율 공정 개선을 통해 생산 단가를 낮추는 노력도 절실하다. SAF의 생산 비용은 현재 일반적인 항공유 생산 비용의 2배에 달하는 것으로 분석되고 있다. 이런 문제를 해결하기 위해 유럽연합(EU)은 SAF 산업 초기 단계부터 상업 개발을 지원해 대규모

생산 및 가용성 향상에 기여하고 있다. 대표적으로 항공사들이 기존 화석 기반 연료에서 SAF로의 전환을 유도하기 위해 대규모 보조금 지급을 추진하고 있다. 우리 정부도 이 같은 지원책을 마련해야 SAF 상업화 및 상용화를 앞당길 수 있을 것으로 보인다.

미래기술, 대한민국의 미래를 여는 원동력이 되기를

아침에 눈을 뜨면 인공지능이 하루 일정을 안내하고 출근길에는 자율주행 기술이 적용된 차가 도로를 달린다. 직장에서는 AI가 작성한 보고서를 검토하고 병원에서는 진단 알고리즘이 환자의 영상을 분석한다. 온라인 쇼핑은 계산대를 거치지 않아도 결제가 이루어지고 가정에서는 생활 로봇이 곁을 지킨다. 불과 십여 년 전만 해도 공상과학 영화 속 장면에 머물던 일이 이제는 우리의 일상이 되었으며, 기술은 단순한 편리함을 넘어 사회 시스템과 경제 구조를 새롭게 설계하고, 우리의 일상과 산업 전반의 작동 방식을 근본적으로 바꾸고 있다. 앞으로의 변화는 훨씬 더 빠른 속도로 우리의 삶과 산업 전반을 뒤흔들고 나아가 국가의 위상까지 새롭게 재편할 것이다.

〈핫한 기술 쿨한 기술 2026〉은 이러한 대변혁의 시대에 우리가 주목해야 할 기술을 집약해 보여준다. 인공지능, 양자, 로봇, 반도체 등 핵심 분야가 총망라되어 있으며 각 기술의 기본 개념에서 산업적 파급효과, 그리고 사회적 의미까지 다층적으로 다루고 있다. 기술이 단순히 연구실 성과에 그치지 않고 국가 전략과 산업 생태계, 더 나아가 인류의 미래를 규정하는 동력임을 보여주는 이 책은 독자에게 미래를 대비할 실질적 통찰을 제공한다.

AI는 이미 교육, 의료, 제조, 금융 등 거의 모든 영역에 스며들며 사회의 구조를 재편하고 있다. 자동화의 단계를 넘어 학습과 판단, 창의적 활동으로 확장된 AI는 인간의 의사결정을 지원하고 로봇과 결합해 산업 현장의 효율성과 안전을 끌어올리고 있다. 엔비디아의 젠슨 황 CEO가 'AI의 다음 물결은 로보틱스'라고 선언했듯, 휴머노이드의 등장은 단순한 기술 진화를 넘어 노동의 성격과 인간-기술 관계 자체를 새롭게 규정하고 있다. 반도체는 이러한 혁신을 가능하게 하는 국가적 인프라이자 치열한 글로벌 경쟁의 심장부에서 미래의 패권을 좌우하는 전략 자원으로 자리 잡았다. 양자기술은 기존 계산 능력을 뛰어넘어 신약 개발, 신소재 탐색, 기후변화 대응에 돌파구를 제시하고 양자통신과 센서는 사이버 안보와 국가 방위의 판도를 바꾸는 전략적 수단으로 부각되고 있다. 이처럼 첨단기술은 단일 산업 성과를 넘어 경제, 사회, 환경, 안보 전반에서 미래를 결정짓는 핵심 변수로 부상했다.

국제사회에서도 미래기술은 국가의 운명을 가르는 격전지가 되고 있다. 미국과 유럽은 미래 핵심 분야에 막대한 투자를 지속하고 있으며 중국은 국가 역량을 총동원해 기술 우위를 확보하고 있다. 기후위기, 고령화, 지정학적 갈등과 같은 복합적인 글로벌 이슈 속에서 대한민국이 추격자가 아닌 선도자로 도약하기 위해서는 논문과 특허를 위한 연구를 넘어, 국가와 사회의 난제에 해법을 제시하는 임무 중심 연구가 필수적이다. 연구개발 역량을 한곳에 모으고,

학문과 산업을 가로지르는 협력 네트워크를 구축하며, 국제사회와의 연대를 강화할 때 비로소 우리 앞의 거대한 파고를 넘어설 수 있다.

앞으로는 개별 기술의 발전보다 기술 간 융합과 통합이 더 큰 혁신을 이끌 것이다. AI와 반도체의 결합은 고성능 연산과 클라우드 인프라의 새로운 지평을 열고 있으며, 양자와 바이오의 접목은 정밀의학과 신약 개발 방식을 근본적으로 바꿔놓고 있다. 특히 AI와 로봇의 융합은 인간과 유사한 형태의 휴머노이드 로봇을 현실로 만들고 있다. 휴머노이드는 산업 현장에서의 단순 작업 대체를 넘어, 자율적 인지와 판단 능력을 바탕으로 돌봄·교육 등 생활 현장에 적용되어 새로운 사회적 가치를 만들어낼 수 있다. 우주와 에너지기술의 연계 역시 전 지구적 문제 해결의 실마리를 제공할 것이다. 이러한 융합은 단일 기술만으로는 풀 수 없는 복합 난제의 해법이며, 미래 산업과 사회 전반에 핵심 동력으로 작용할 것이다.

오늘 우리가 맞이하는 변화는 단순한 산업의 진보가 아니라, 국가의 생존과 인류의 지속가능성을 좌우하는 거대한 물결이다. 기술 우위는 경제적 번영과 산업 경쟁력은 물론, 국제적 위상과 안보까지 결정한다. 따라서 우리는 미래기술을 단순히 새로운 산업 기회로만 볼 것이 아니라 국가의 장기적인 발전과 국민의 안전한 삶을 형성하는 기반으로 인식해야 한다. 나아가 기술혁신이 연구 현장을 넘어 실질적인 사회적 가치로 환원되고, 그 혜택이 국민 모두에게 확산되는 과정 또한 중요하다. 과학기술은 국민의 삶을 풍요롭게 하고 사회적 불평등을 완화하며 지속 가능한 환경을 만드는 데 기여해야 한다.

지금은 대전환의 시대다. 과학기술은 단순한 혁신을 넘어 국가와 사회의 지속가능성을 좌우하는 핵심 기반이다. 〈핫한 기술 쿨한 기술 2026〉은 이러한 흐름을 종합적으로 보여주며 국민과 기업, 정책 입안자, 연구자 모두에게 불확실한 미래를 준비할 길잡이가 될 것이다. 이 책을 통해 독자들이 미래기술이 열어갈 무궁한 가능성과 사회적 의미를 성찰하고 각자의 자리에서 새로운 도전을 시작하길 바란다. 과학기술은 결국 사람을 위한 도구이자 더 나은 사회를 여는 비전이다. 위치와 역할을 막론하고 기술을 올바로 이해하고 활용하는 일은 새로운 기회를 만드는 힘이 되고, 그 힘이 모여 대한민국이 미래를 열어가는 원동력이 된다. 이러한 노력들이 모여 국제사회 속에서 우리의 위상을 한층 더 높이고, 인류 공동의 번영과 지속 가능한 미래에 기여하는 밑거름이 되기를 바란다.

한국과학기술연구원(KIST) 원장
오상록

핫한 기술 쿨한 기술 2026

펴낸 날 **초판 1쇄 발행 2025년 11월 28일**
회장·발행인 **곽재선**
대표·편집인 **이익원**
편집보도국장 **이정훈**
지은이 **이데일리 미래기술 특별취재팀**
진행·편집 **리진**
디자인 **한도희, 김미영**
인쇄 **(주)유성드림**
펴낸 곳 **이데일리(주)**
등록 **제 318-2011-00008(2011년 1월 10일)**
주소 **서울시 중구 통일로 92 KG타워 19층**
전자우편 **edailybooks@edaily.co.kr**

가격 **23,000원**
ISBN 979-11-87093-36-7